「気分よく」働けて、仕事がはかどる！

# 一流の人は知っている テレワーク時代の新・ビジネスマナー

石川和男
Kazuo Ishikawa
宮本ゆみ子
Yumiko Miyamoto

WAVE出版

# はじめに
## ——もう絶対に迷わない!! 大量の試行錯誤から生まれた再現性&即効性のあるビジネスマナーのノウハウ

この本を手に取っていただき、ありがとうございます。

突然ですが、あなたはテレワークに次のような不安、悩みを抱えていませんか?

・在宅勤務になり、仕事とプライベートとの切り替えがうまくいかない

・オンラインでの話し方に自信が持てない
・ホスト（会議を開催する人）に指名されたが、何をしていいかわからない
・ビジネスメールのマナーに不安がある
・テレワークになってから部下（上司）との関係が悪くなった
・対面が減り、チャットでのコミュニケーションが増え、うまくできるかが心配
・テレワークになり、お客さまへの対応がわからない
・Ｗｅｂ会議で必要なものを忘れてしまい、席を立つことが多い
・Ｗｅｂミーティングでの服装に迷う。何を着ていいか、わからない
・突然の会議。部屋が片づいていない、生活感が出ていないかが心配

このような不安や悩みを一気に解決するため、この本は誕生しました。

ビジネスパーソンにとって、テレワークは避けては通れない働き方です。

仮に、あなたの会社が取り組んでいなくても、取引先、特に得意先が導入していれ

ば合わせなければなりません。

そもそもテレワークは、生産性向上、時間効率、交通費や事務所家賃などのコスト削減、育児・介護に携わる社員をはじめとする多様な人材の雇用など、さまざまな目的で導入が検討されてきました。

何年かかけ、段階的に行なう予定だったテレワークの導入。しかし、新型コロナウイルスの影響で、急ピッチで取り組まれるようになりました。

準備不足、そして見切り発車。在宅勤務でのコミュニケーション、オンラインでの会議の進行、ホストの対応、対面が減ったことによるメール対応、オンライン上のマナーなど、不安は山積みかと思います。

たとえば、部下（上司）とのメールでの対応。

「今までと同じでは？」と思うかもしれません。しかし、まったく違います。なぜなら、今まで対面で行なっていたコミュニケーションとはやり方が変わったからです。面と向かって会話できない分、メールが増えました。かつては「部下をメールで叱ってはいけない」というのが常識でした。対面で叱れない分、メールで叱るケースも出てきます。口頭で伝えていたことがメールになることで、微妙なニュアンスが生まれ、誤解を招くこともあります。

こんな状況は、コロナ禍が終息するまでの辛抱と思っていても、前述した通り、導入が早まっただけで、テレワークは今後確実に主流になります。

申し遅れました。石川和男と申します。

私は現在、建設会社の総務経理、大学の非常勤講師、セミナー講師、時間管理コンサルタント、税理士と、5つの仕事をしています。

建設会社の仕事は、月曜日から金曜日の平日8時30分から夕方5時まで。そのほかの仕事は、オンラインを中心に平日の夜や土曜日に行なっています。

なぜ、私がテレワークの対応策をお伝えできるのか。

現役のビジネスパーソンとして建設会社で働いている立場から、テレワークでの打ち合わせ、取引先との対応、部下のモチベーションアップやコミュニケーションなどについて、コンサルタントや研究者ではできない業務を行なっています。そのため実務面からのアドバイスが行なえます。

大学講師やセミナー講師もしていますが、対面授業や会場でのセミナーは、コロナ禍で一気に減りました。しかし、オンライン講座が激増し、「見せ方」を日々研究しています。

月1回集まる税理士会や研修、顧問先との対応もオンラインになりました。

テレワーク、オンラインが増え、最初は戸惑うこともありました。しかし、試して失敗し、また試しては失敗することを繰り返すことで、あなたにお伝えする再現性、即効性のあるノウハウが蓄積されたのです。

さらに、今まで体験することのなかったテレワーク時代。そのマナーは重要です。

コミュニケーションコンサルタントで、マナー講師。発行部数約5万部の『最新ビジネスマナーと今さら聞けない仕事の超基本』（朝日新聞出版）の著者でもある宮本ゆみ子さんとタッグを組むことで、マナーの王道から最新のマナー、特にテレワーク、オンラインでのマナーについて、注意点、解決策をお伝えしています。

最新のマナーは日々変化します。さらにテレワークという特殊な環境におけるマナーも特別です。

私たちが実践しているノウハウが、あなたの毎日、そしてこれからの人生を変える要因になれたら幸いです。

石川和男

# 目次

一流の人は知っている
テレワーク時代の新・ビジネスマナー

## 第2章 リアルとはどう違うのか？ 誰も知らない「テレワークの話し方」



## 第3章 油断大敵！ テレワークでの身だしなみ

# 第4章 間延びしがちなオンライン会議を効率化するテクニック

第5章
## メール&チャットは「気づかい」が9割



第6章
## 健康管理も大切なビジネスマナーの1つ

ブックデザイン　bookwall
本文DTP&図版制作　津久井直美
校正　小倉優子
プロデュース&編集　貝瀬裕一(MXエンジニアリング)

# 第1章

# テレワーク時代、マナーの第一歩は「環境づくり」

# 01 仕事スイッチを入れて、オンとオフを切り替える！

## ① 意外と簡単だったテレワーク導入

「本格的に導入されるまで10年はかかる」といわれてきたテレワーク。新型コロナウイルス感染拡大がその状況を一変させます。導入する企業が一気に増えたのです。

２０２０年３月、テレワーク実施率調査によると、テレワークを実施している企業は13・２パーセント（「新型コロナウイルス対策によるテレワークへの影響に関する緊急調査」：パーソル総合研究所２０２０）。

ところが、１カ月後の４月。緊急事態宣言が東京など7都府県に発出されると、実施企業は27・9パーセントと2倍以上に増えています。

また、東京都の調査では、同年3月にテレワークを導入していた都内企業が24・0パーセント。それに対して2021年1月には、57・1パーセントに倍増。

そのうち従業員300人以上（230社）の会社を調査した結果、76・5パーセントと実に4社に3社がテレワークを導入しだしたのです。

緊迫した状況は、人を動かす！

「当社には無理」「当社の企業風土には合わない」「当社にはまだ早い」などと言い訳をしつづけてきた企業も、コロナ禍という不要不急の外出を控える緊急事態では、従来のやり方を変えざるを得なくなりました。

「無理だ」という固定観念を持っていたのに、知恵を働かせることでそのブロックを外していく。

企業風土に合わないと信じ込んでいたものが、毎日会社に行かなくても意外とどうにかなると気がつく。

まだ早いと思い込んでいたことをデジタルに詳しい若手などが先頭に立ち推し進め

ていく。不可能と思っていたことを可能にする方法を見つけ、テレワークを導入できたのです。

余談ですが、転職、独立など「自分には無理、まだ早い」と先延ばししていたことも、崖から飛び降りるつもりで挑戦すると案外うまくいってしまうものです。

極端な話をすれば「崖から飛び降り、落下しながら翼を作る」ことだって可能なんです。

やると意外に簡単だったということは企業にも個人にも共通していえることなのです。

## 2 仕事とプライベートのオンとオフはどう切り替える？

テレワークで困るのは、オンとオフとの切り替えです。

**切り替えを上手に行ない、通勤時のようにスムーズに業務に取りかかれることこそが、ビジネスマナーの第一歩です。**

プライベートゾーンとして自宅ですごし、会社に行けばビジネスパーソンとしてすごしていたのに、1日中自宅にいることで、オンとオフの切り替えが難しくなる。同じ時間に起き、シャワーを浴びて歯を磨き、スーツに着替えネクタイを締める。通い慣れた場所に同じ時間に通勤し、あいさつを交わしミーティングをし、仕事を始める。意識していなかったことが「ルーティンワーク」になっていたのです。

野球界のレジェンド、イチロー選手が行なっていた打席に入るまでのルーティンワーク――バットを膝において屈伸し、ピッチャーに対してバットを立てる。日本球界にいた時代から毎試合、毎打席行なっていたこの儀式。もし、しなければ、打席に立っても調子がくるっていたことでしょう。

ラグビー日本代表で活躍した五郎丸歩選手。キックの際に腰をかがめてお祈りをするかのように両手を前に組む、あの「五郎丸ポーズ」も同様です。

一連の動作をいつもと同じように行なうことで、ベストパフォーマンスを発揮する。その効果を狙ったものです。

では、ビジネスパーソンがベストパフォーマンスを生むためには、どうしたらいいでしょうか？

1つには、スイッチを入れる。

たとえば、次のようなことです。

自宅で仕事をするとき。デスクトップパソコンを使うために、室内用のメガネからデスクトップ用のメガネにかけ替えると「よしやるぞ!」とスイッチが入って仕事モードに変わる。

手元の卓上ライトをつけることで、まさに仕事のスイッチも入る。

大学や企業向けに数多くの講演を行なうカリスマ講師。登壇する前に、ネクタイの結び目をきゅっと締め直すことでスイッチが入る。

あなたも、自分にスイッチを入れるルーティンを作ってください。

## ③ おすすめの切り替えスイッチ×3

やむにやまれずスタートしてしまったテレワーク。

しかし、今はこの行動様式に慣れるしかありません。

テレワークのコツをつかんで、この様式になじんできた頃には、出社して仕事をする以上に、高いパフォーマンスで成果を上げられることに気がつくことでしょう。苦痛だった通勤ラッシュもありません。

上司や先輩への忖度(そんたく)に時間を割かれることもありません。

集中力を削がない範囲なら、好きな音楽や環境音楽をかけながら気分よく仕事をすることだってできるのです。

**テレワーク中に身につけた集中力やパフォーマンスの高め方は、将来コロナ禍が去り、テレワークと出社で働き方の選択肢が広がったときにも役立ちます。**

スイッチの入れ方は、「切り替えができる」と感じるものならなんでもいいのです。

特におすすめは、次の3つです。

・デスクまわりの掃除
・服を着替える
・軽い運動をする

1つでもいいし、全部でもOKです。

## ▼デスクまわりの掃除

デスクまわりが散らかっていると、仕事に集中できないのは言うまでもありませんが、現実逃避しがちな人には特に、仕事前にデスクまわりの掃除や整頓がおすすめです。学生時代、テスト勉強のときに限って、普段やらない掃除を始めてしまった経験はありませんか?

あきらかに、現実逃避の行動です。

ならば、現実逃避をルーティンに組み込むのです。同時に、デスクまわりがきれいになるので、仕事を始めてからも集中力が高まります。現実逃避することなく、集中力も高められるので、一石二鳥です。

きれいになったデスクに向かえば、もう現実逃避はできません。思う存分、目の前の仕事に集中しましょう。

## ▼服を着替える

服装も、スイッチを入れるのに効果的です。前述のカリスマ講師が行なっている「ネクタイきゅっ」も、同じかもしれません。

服装を整えると心理的にどのような効果があるかは第3章で詳しく述べますが、パジャマや部屋着のままでは、リラックスしすぎてしまう恐れがあります。

また、仕事前に着替えておけば、突然のWeb会議／ミーティングでも、服装であわてることはありませんから、これも一石二鳥です。

## ▼軽い運動をする

出社していたときに避けられなかったのは「通勤」です。歩いて会社に行く人や自転車通勤だった人は、通勤自体が運動になっていました。またそれ以外でも、通勤はいい運動になっていたのです。

たとえば、満員電車で通勤していた方は、周囲からの圧力に耐えることや、激混みの電車内で倒れないよう上手にバランスを取ること、重い荷物を持っての移動、ホームから改札までの長い階段の昇降……などを乗り越えて、会社に到着していました。いずれもいい運動になっていたのです。

知らず知らずのうちに「仕事の前に運動する」ことが習慣になっていました。「運動後はパフォーマンスが上がる」といわれています。通勤という名の運動は知らない間にパフォーマンスを上げるスイッチになっていたのです。テレワークを始める前に運動を取り入れてはいかがでしょうか。

ただでさえ運動不足になりがちなテレワーク。仕事の前に軽く体を動かすことで血流をよくして、脳や指先を活性化させることもできます。これも一石二鳥、いや、三鳥といえるかもしれません。

アイスコーヒーを一口飲んだとき、指サックをはめたとき、パソコンの電源をオンにしたとき、書斎に足を踏み入れたとき——「さあ、やるぞ！」と仕事モードに入るスイッチをオンにする方法はなんでもいいのです。

あなたなりのオフからオンに切り替えるスイッチを考えてみてください。

POINT

❶２０２１年１月、テレワークを導入する都内企業は57・１パーセントに増加。そのうち従業員３００人以上（２３０社）では、76・５パーセントと、４社に３社がテレワークを導入。

❷自宅で仕事をするときには、仕事モードに入るための「ルーティン」を設定するとよい。たとえば、「パソコン作業用のメガネにかけ替える」「手元の卓上ライトをつける」「ネクタイをきゅっと締める」など。

❸仕事への切り替えスイッチで特におすすめなのが「デスクまわりを掃除する」「服を着替える」「軽い運動をする」の３つ。在宅勤務は運動量が平時に比べて激減するので、健康維持のために、近所を散歩するなどなるべく身体を動かすように心がける。

# 02 テレワーク時代の必需品マニュアル ～これだけあれば大丈夫！

## ① その日にやる仕事をすべて書き出してしまおう

私（石川）は、建設会社で総務経理を担当しています。

月末や給料日など、仕事が重複して忙しい時期もあります。しかし、そんなときでも安心してストレスなしに仕事を行なうことができます。

なぜなら、その日にやることを1冊のノートにすべて書き出しているからです。

1冊のノートにやることをすべて書く以前の私は、パソコンのモニター画面の両サイドの付箋（ふせん）に、机の上に置いたメモ紙に、スマートフォンのメモ機能に、買い物中にひらめいたアイデアをレシートの裏に書いて財布の中になど、ＴｏＤｏリストが散乱していました。デスクと透明のマットの間にも今日中に電話をしなければならない取引先の名刺をはさんでいました。

いったいどれだけの仕事があるかわからず、どれから手をつけていいかもわからず、ストレスを抱えまくっていました。

さらに頭の片隅に、「そろそろピンクの蛍光ペンを買わなければならないんだった」「月報を処理しなければならないんだ」「そうそうさっきの電話で得意先と来週の月曜日に会う約束をしたんだ」――いろいろなことを頭に思い浮かべていましたから、目の前の仕事に集中することはできません。

では、どうしたのか?

前述した通り、1冊のノートにその日にやることをすべて書き出したのです。やり方は簡単です。

35行の罫が入ったＢ５サイズのノートに、番号を振り、やることを書いていきます。見開きで70行あるので70項目まで書くことができます。そこにその日にやることをすべて書き出すのです。

重要なことから軽微なことまで。仕事からプライベートなことまで（プライベートなことは基本的に右ページに）。

するとどうなるか？

**今まで散乱していたことが1カ所にまとまり、やることが「完全見える化」されます。**優先順位の高い仕事、部下にまかせられる仕事、先延ばししても大丈夫な仕事がわかるのです。

あとは優先順位の高い仕事から行ない、終わったら赤丸をつけていく。

やることをすべて把握することで、ストレスフリーになります。

少なくとも1冊のノートにすべて書き出すことで、やらなくてはならないことを忘れることが防げます。

休日、自宅の掃除をするときも同じ方法で取り組んでいます。

ノートに今日やる掃除をすべて書き出します。たとえば、こんな感じです。

1 スーツをかけ直す
2 クリーニングに出す衣類を車に入れる
3 机を拭く
4 本をそろえる
5 エアコンのまわりを拭く

思いつくままに書き出し、掃除中に思い出したことも追加していく。

やり終わったタスクは、赤丸をつけていく。

戦国武将が陣地を取っていくように赤丸が増えていくことを楽しみながらゲーム感覚で行ない、気づけば部屋も片づいているのです。


セミナーに行くときは、持ち物をすべて書き出した用紙を見ながら準備しています。

1 名刺
2 書籍

3　ティッシュ
4　ハンカチ
5　ストップウォッチ
6　置き時計

用意が終わったものから番号に赤丸をつけていきます。

すると「ウッカリ忘れる」ことは絶対にありません。

「名刺を補充し忘れて名刺交換ができない」「置き時計を忘れて腕時計をチラチラ見ながらセミナーを行なう」といったミスを未然に防ぐことができます。

用紙はコピーして使い、必要なものが増えたら、書き足していく。その用紙があるだけで、安心してセミナーに出かけることができるのです。


さて、テレワークになると会議や打ち合わせでパソコンに向かう機会も増えていきます。

会議が始まっているのに、何度も席を立つと落ち着きがないと思われます。オンライン会議を行なうたびに何が必要か考えるのも時間のムダです。

1 Wi-Fi
2 マイク
3 ライト
4 飲み物
5 筆記用具
6 メモ紙

先ほどのセミナー準備のように、事前に必要なものを書いておくと安心です。

## 2 テレワークの必須アイテム

では「これだけは用意しておきたいもの」をいくつかピックアップしてみましょう。

## 1　机

今まで自宅で仕事をしていなかった人は、リビングのテーブルでノートパソコンを開いたり、座卓で座ってやればいいと思うかもしれません。

しかし、1日の3分の1近くをテレワークですごすことを考えたら、ちゃんとしたデスクを用意したほうがいいでしょう。座る姿勢に無理があると肩こりや腰痛などになりやすくなります。疲れやすいと能率も下がります。

前述の「スイッチ」を入れるためにも、リビングやダイニングなどの生活空間とは違うところに机を置き、ワークスペースを作ることをおすすめします。

居住環境によって、机を置くスペースがない場合もあります。

そんなときには、省スペースのパソコンデスクや、折りたたみの机でもOKです。

長時間作業による健康面や理想的な作業環境を考慮したワークスペースについては、第6章で改めてお伝えします。まずは最低限、パソコンと手元を照らすライトを用意する。Ｗｉ－Ｆｉをしっかり受信できる環境を整える。メモを取れるスペースを確保する。これらの準備が重要です。

腰痛が心配な人は、立って作業ができるスタンディングデスクを使ってもよいでしょう。

立って作業をすることは、集中力を持続させます。

テレワークになる以前の、会社で行なう会議でも、ダラダラと長く続けるのを避けるために、立ったまま会議を行なう企業があります。集中力が高まるうえに議論がムダに長引くこともありません。時短と効率化にとても役立つのです。

座りつづけることによる腰痛のリスクを軽減し、さらに、集中力を高めて効率を上げることができる。ここでも一石二鳥です。

これから机の購入を検討する人は、スタンディングデスクも候補に入れてみてはいかがでしょうか。

## 2　パソコン

テレワークに欠かせないのが、パソコンです。

一昔前と違って、格安のパソコンでもずいぶんスペックが高くなってきました。テレワークになったのを機に、自宅用に自分のパソコンを用意した人も多いでしょう。

あるいは、テレワーク用に会社から備品のパソコンを貸与された人もいるかもしれません。

どちらにしても、大事なのはセキュリティです。セキュリティソフトを入れる。ウイルス感染によるデータ漏えいを防ぐ。自宅以外で作業をすることも考えると、盗難や盗み見対策も必要です。指紋センサーや顔認識によるログイン機能を搭載したパソコンにすれば、他人が勝手にパソコンを操作するのを防ぐことができます。

しかし、万が一盗難にあう可能性もあります。それを防ぐために、ＳＳＤやハードディスク自体を暗号化する必要があります。情報漏えいを防ぐことも、テレワークにおける大事なマナーの1つです。

**個人レベルで考えることではなく、全社で取り組むべき議題**になります。定期的にセキュリティ研修や勉強会を行なうことで危機感を共有することをおすすめします。

## 3 Wi-Fi

テレワークで、あなたと職場の仲間や取引先をつないでいるのは、インターネット環境です。

確実につながることが最も重要なマナーです。接続状態が悪いと仕事に支障をきたします。

Ｗｅｂサイトをスマートフォンやパソコンのブラウザで見ようとしたとき、通信環境が悪いとイライラしますよね？

通信環境が悪くて、通話がスムーズにいかなかったら、相手はイライラし、商談もうまくいかなくなる可能性もあります。

また通信環境が悪いと、メールに添付された資料をダウンロードするときによけいな時間がかかったり、送ったはずのメールが未送信になることもあります。

それでは効率が悪いばかりでなく、相手に迷惑をかけてしまいます。

**通信環境を整えることは、テレワークのマナーの基礎です**。常に安定した回線を確保したいものです。

固定回線は、光回線になっているところが多いと思います。データ容量に制限がなく、通信も安定しているのでＷｅｂ会議や動画を視聴する際にも、ストレスを感じることがほぼありません。

有線接続をすることもできますが、Ｗｉ－Ｆｉとつないでパソコンと無線接続もできます。この場合、モバイルＷｉ－Ｆｉや街なかのＷｉ－Ｆｉを利用する感覚で使用できます。通信の品質は、モバイルＷｉ－Ｆｉや公共Ｗｉ－Ｆｉに比べて、通信速度やつながりやすさの面で段違いによいはずです。

自宅の固定回線（光回線）で通信ができるように整えるといいでしょう。

ただし、有線だとケーブルがじゃまになり、活動範囲が狭くなります。普段は、固定回線をＷｉ－Ｆｉルーターにつないでおくと便利です。

光回線でも集合住宅の場合、家庭内では問題がなくても、ほかの住人の使用状況によって通信の品質が左右される恐れがあります。

可能なら、**通信回線は２つ以上の手段を用意し、１つがダメになったら別の回線を使うといったバックアップ体制を整えておく**と、安心です。

メインは光回線からのＷｉ－Ｆｉで、バックアップとしてモバイルＷｉ－Ｆｉルーターや、携帯電話のテザリング機能があるというような状態がおすすめです。通信のストレスを極力減らすことが、テレワークを快適にします。通信環境の見直しも、大事なマナーです。

## 4　カメラ、マイク

テレワーク時代のコミュニケーションは、Ｗｅｂ会議ツールなどを使用したビデオ通話が主な手段となります。

音声にしても表情にしても、あなたに関する情報は、マイクやカメラを通じて相手に伝えられます。

どんなによい話をしても、「ピーピーガーガー」と雑音まみれになっていたら、相手によい印象を与えることはできません。

同様に、素敵な笑顔を見せても、画面がボケていたり、暗すぎたり、背景が片づいていない状況で相手の気が散るなら意味がありません。

マイクの選び方は第2章で、カメラの選び方は第3章で詳しく触れます。ここでは

1点だけ。くれぐれもパソコン内蔵のカメラやマイクだけで済ませないようにしてください。

**パソコン内蔵のマイクは指向性が広く、あなたの声以外のさまざまな音を拾い上げてしまいます**。室内の音は、リアルで耳に届けば大した雑音にはなりません。しかし、ドアの開け閉めやペットの鳴き声、インターフォンのチャイム、外を走る消防車のサイレンまで、画面越しにスピーカーから聞こえるときには、不快な音として届きます。

「ノイズキャンセリング」も注意が必要です。

本来は、雑音をカットする効果であるノイズキャンセリングですが、万が一あなたの声そのものも雑音と認識されると、カットされてしまい、声が消えてしまうこともあります。

そうなると、聞き取りやすい音声ではなく、むしろ途切れ途切れで相手に不快感を与えます。これでは逆効果です。

こんな例もありました。

ビデオ通話の相手が「通話の音質をよくするためにノイズキャンセリングを使って

いる」と言っているが、どう聴いても雑音が多く、声が明瞭ではありません。画面越しによく見てみると、ワイヤレスのイヤフォンを使用しているようです。

その人が期待した「ノイズキャンセリング」は、集音の際にある程度の雑音をカットしてくれて、こちらに届く音声がクリアになることでした。しかし、実際に使っていたのは、その人の耳に入る音声にノイズが入らないようにするための、イヤフォンのノイズキャンセリング機能だった、というオチでした。

テレワークでは、**自分の聴こえ方と、画面の向こうの相手の聴こえ方が一致しないことも、頭の片隅に置いておく必要がありそうです。**

そしてマナーの観点からいうと、**自分の心地よさよりも相手の心地よさを重視することが必要です。**

「自分が聴こえているのだから、相手にもきちんと届いているはず」と思わない。もちろん、相手側の事情による場合もありますが、少なくともこちら側の環境や設定は万全にしておくことを心がけておきましょう。

話し方に気をつけ、声をよくする努力もムダではありません。しかし、よけいな音ができるだけ入らず、より良い音質で届けられるようにあらかじめ気を配ることこそ、真のマナーです。

自宅周辺で工事中だったり、ペットがいる環境で、集中してテレワークが行なえない事情があれば、シェアオフィスや、ホテルのデイユースを利用して業務に取り組む選択肢も、視野に入れておきましょう。

シェアオフィスやホテルのデイユースなら、静かな環境が手に入ります。通信環境も万全です。

ネットカフェを使うという選択肢もありますが、ゲームやコミックなどの誘惑が多いのでおすすめできません。あの環境でストイックに仕事を続けられる人は、それほど多くないでしょう。

自宅での作業が困難なときを考え、シェアオフィスや、デイユースを利用できるホテルを調べておくといいでしょう。

POINT

❶1冊のノートにその日にやることをすべて書き出すことで、1カ所にまとまり、やることが「完全見える化」される。そして、優先順位の高い仕事、部下にまかせられる仕事、先延ばししても大丈夫な仕事がわかるので、落ち着いて仕事に取り組める。

❷テレワークの必須アイテムは「Ｗｉ－Ｆｉ」「マイク」「ライト」「飲み物」「筆記用具」「メモ紙」など。これらを事前に手元に用意しておくことで、Ｗｅｂミーティングの際に席を立つことがなくなる。

❸自宅周辺で工事が行なわれていたり、ペットがいるために集中してテレワークに取り組めない場合は、シェアオフィスやホテルのデイユースなどを利用して、業務に取り組む。ただし、ネットカフェはコミックやＤＶＤなど誘惑が多いので選択肢から外したほうがよい。

# 03

## 1日5分！断捨離整理術

### ①あなたの集中力を途切れさせるものは？

テレワーク時代になると自宅の机を利用して業務をすることも増えてきます。

前節でお伝えしたオンとオフの切り替えですが、プライベートなものであふれているとなかなか仕事モードに入れない場合があります。

私（石川）の好きな映画に『ある日どこかで』（監督ヤノット・シュワルツ、1981年公開）があります。

1980年から1912年にタイムスリップした主人公リチャード（スーパーマン

で有名なクリストファー・リーヴ）が、舞台女優と恋に落ちる。互いにひかれ合い、彼女は女優を引退することを決断。彼女は2人の時間を満喫し、リチャードも現代には戻らず彼女と人生をともに生きることを決意する。しかし、不意に衣服の内ポケットから取り出した硬貨が、1979年に鋳造されたもので、それを見たリチャードは、現代に引き戻されてしまう。二度とタイムスリップすることはできず、こつ然と姿を消した主人公を彼女は探す手段もない。そんな切ないストーリーです。

タイムスリップをするためには、現代の所持品をすべて捨て、行きたい時代の品物だけを身につけて催眠術をかけるという方法です。

1912年の衣服・硬貨を身につけて、現代のものもすべて捨て催眠術をかけタイムスリップに成功した主人公。1912年の時代に没頭していたリチャードですが、1979年のコインを見てしまった瞬間に現代に戻ってしまいます。

何度も観た映画で、そのシーンは忘れられません。ユーチューブでも観ることができます。

この映画のように、仕事に没頭していても、不意にプライベートなものが目に入ると、集中力が切れてしまいます。

自宅で仕事をするときは、ＤＶＤ、ＣＤ、ゲーム、マンガ……。映画のコイン以上に、プライベートな世界に引き戻されるものであふれています。

まずは整理整頓をし、プライベートなものが目にふれない環境を作る。

書斎にある備品類、机やパソコンの中、書棚の書類などから不要なものは徹底的に整理し、残ったものを整頓していきましょう。

## ② 不要なものを徹底的に捨てる

ここで分けて考えなければならないのが「整理」と「整頓」です。

「整理」とは、必要なものと不要なものを分け、必要なものだけを残して不要なものを捨てること。

「整頓」とは、整理して残った必要なものをいつでも誰でも取り出すことができるように、探しやすく配置することです。その意味からすると、正しい順番は整理をしてから整頓をすること。不要なものをすべて捨ててから、必要なものを探しやすく配置するのです。

たとえば、机の中。プライベートなものを排除し、さらに不要なものを徹底的に捨てる方法をお伝えします。

机の引出しから赤のボールペンを取り出そうとしたときに、赤ペンしか入っていなければ、一瞬で取り出すことができます。黒、緑、青のボールペンがあれば、それらが目に入ることにより、わずかですが探す手間がかかります。

さらに黒のボールペンと見分けがつかないシャープペンシル、ダンボールに記入するときだけに使うマジック、10色セットだけど黄色とピンクしか使わない蛍光ペン、礼状を書くときしか使わない筆ペンなど、増えれば増えるほど、それに比例して探す時間もかかっていきます。

ではどうするか？

**不要なものを徹底的に捨てることから始めます。**

次のことを実践してみてください。1時間もあれば解決し、今後、文房具を探すために時間を取られることはなくなります。
まずは机の中にあるすべての文房具を机の上に取り出します。
すべて取り出したら、次の4つに分けます。

①毎日のように使うもの
②週、月に何度か使うもののうち自分のもの
③家族と共有して使うもの
④まったく使わないもの

机の一番上の浅い引出しにある文房具を収納するスペース。そこにまず、①で選んだエース級の文房具だけを入れます。②で選んだ、週、月に何度か使うもののうち自分の文房具も同じ一番上の浅い引出しに入れますが、①の文房具の奥に収納します。入れ方は使う順です。手前になればなるほど、使う頻度の高い文房具を入れておくのです。
③と④で選んだ文房具は、いったんリビングに持って行きます。家族が使用するも

のなら渡し、使わないなら捨ててしまいましょう。

私のエース級文房具を収納する場所には、四色ボールペン、シャープペンシル、消しゴム、黄色の蛍光ペン、18センチの定規のみしか入っていません。会社も自宅も同じものを用意しています。

その奥には、使う順に修正テープ、スティックのり、シャープペンシルの芯、USBメモリが入っています。

ポイントは、机の一番上の引出しにしか文房具は入れないこと。

この引出しを開けて、必要なものが見つからなければ、探しているものはない、ほかの引出しを開けても意味がない（探す必要はない）という環境を作ってしまうのです。

## ③ 定期的に机の上を片づける

また、1日5分でもよいので、机の上を整理するようにしましょう。

ある程度片づけ終わったら、自問自答します。

たとえば、ハサミが机に残っていたら、「このハサミは必要なのか?」と考える。

不要ならしまう。

ペン立ては必要か? いつも使っている筆記用具は限られているから片づける。

ティッシュの箱は? 花粉症の時期なら別だが、今の時期はほとんど使わないから机の中にしまう。

自問自答しながら、残ったものに問いかけた結果、私の机は最終的に、パソコンと、目の前の仕事で使う文房具類以外はなくなりました。

整理整頓できない人は、使うか使わないか微妙なものまで置いてあります。自問自答することで本当に必要なものだけが残ります。

本当に必要なものしかない机で仕事をするとどうなるか? 目の前の仕事に集中でき、ハイスピードで仕事を行なえるようになります。

POINT

❶自宅で仕事をするときは、DVD、CD、ゲーム、マンガなど、集中力が切れる原因になるものは目に入らないように、ワークスペースを徹底的に整理整頓しておく。

❷整理整頓の順番は、まず「不要なものをすべて捨てる（整理）」、そののち「必要なものを探しやすく決めた場所に配置する（整頓）」。こうすることで、探しものにかかる時間、見つからないことに対するストレスが大幅に減る。

❸1日5分でもよいので、机の上を整理する習慣をつけるとともに、常に「これは必要か？」と問うことで、本当に必要なもの以外、手元に置かないようにする。これにより仕事に対する集中力を最大限高めることができる。

# 04 書類の片づけはビジネススキルの基本中の基本

## ❶ 書類の保管場所を1カ所にしぼる

「ビジネス書は実践しなければ意味がない」というのが私（石川）の持論です。千冊読んでも、読みっぱなしでは意味がない。1つでもいいから行動に移す。1冊につき1つのコンテンツを実践すれば、100冊で100コンテンツです。著者が100パーセントの力を注いで書いたビジネス書の中から、コンテンツを選び出し、実践してみる。それだけで書籍代を払った価値は十分すぎるほどあります。

さらに、実践したことを習慣化できれば、読むごとにビジネスアイテムが自分の中に取り込まれ、ビジネスパーソンとしてレベルアップできます。

「読む↓実践する↓習慣化する」は、「石川和男はコミュニケーション能力を手に入れた、文書作成能力を手に入れた、会計の基本を手に入れた……」といった調子で、ビジネスアイテムという鎧（よろい）を次々と手に入れることができるのです。

私は感銘を受けた言葉や実践したいと感じた言葉はノートに書き留めています。そのノートを毎朝15分間見直すことで、すぐに実践しないものでも、その時が来たら実践できるように血肉にしているのです。

社会人になり、25年以上にわたって実践し、習慣化しているコンテンツが数多くあります。その1つが、１９９３年に発売された野口悠紀雄先生の『「超」整理法』（中公新書）の書類整理術です。

やり方は単純です。

①書類をトレイに集める（1カ所に集める）

②トレイから保存する書類を抜き出す

③保存する書類をＡ４の封筒に入れる

④封筒の左端に、書類のタイトルを記入する
⑤タイトルの下に保存した日付を記入する
⑥日付の下に、たとえば重要なら赤、会社関係なら青、私用なら緑というようにマジックで1本線を引く
⑦机の3番目の引出しにタイトルが上になるように順番に入れていく
⑧保存した書類を取り出した場合は一番手前に戻す
⑨定期的に不要な書類を処分する。時間順に入れていて、さらに取り出した書類は手前にあるので、必然的に後方にある書類が不要な書類、使わない書類になる

アレンジを加えながらですが、25年以上、野口先生の開発した方法で書類を管理しています。それまではトレイ、机の上、引出しなどに書類が散らばっていました。未了の書類をトレイにまとめることで、「確認しなければならない書類はここにしかないから、ここにある書類を確認すれば終わり」という安心感が生まれます。保存する書類も1カ所にまとまっているので、「紙ベースの書類はここにしかない」ことから、ほかの場所を探す時間を省くことができます。

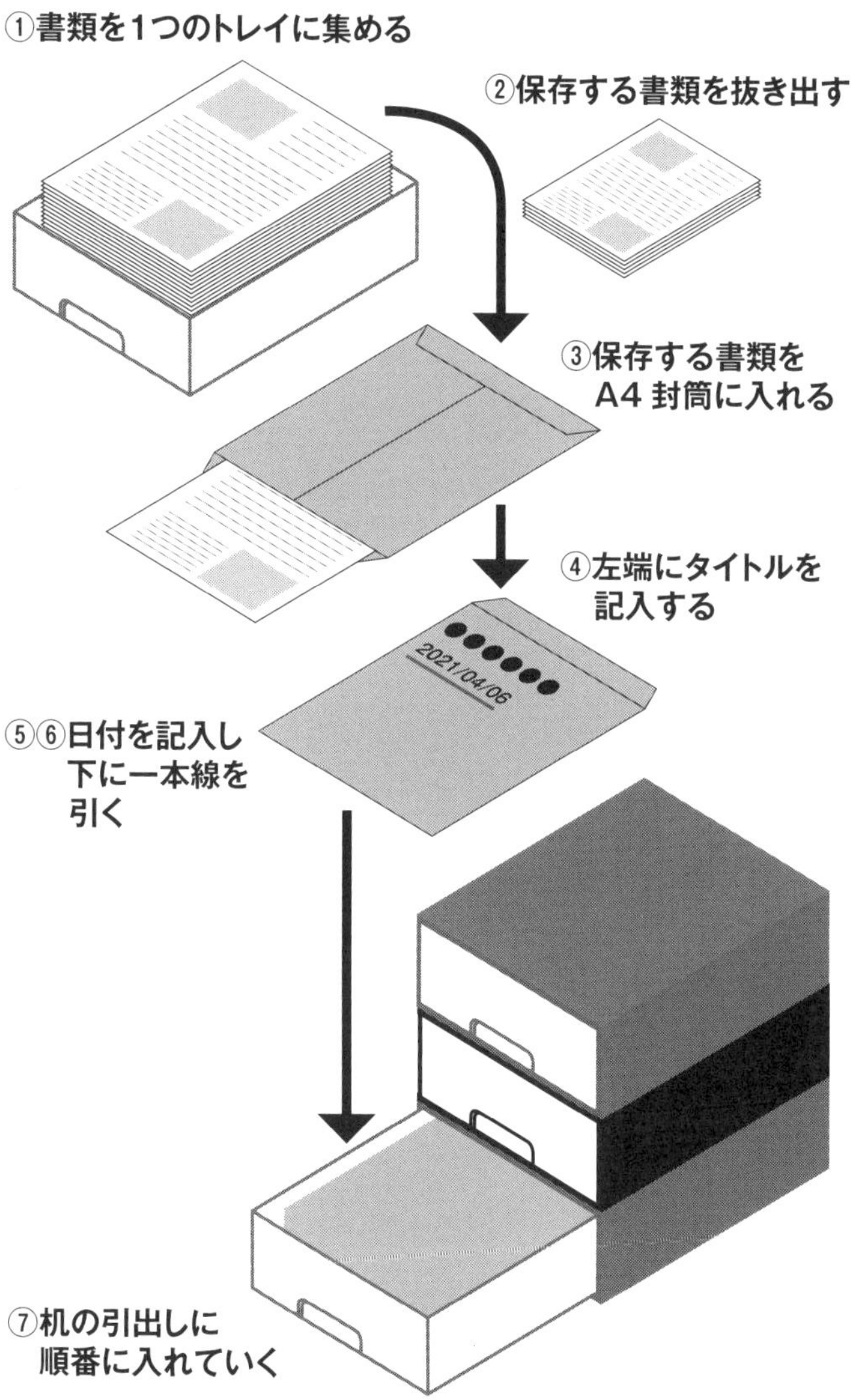

①書類を1つのトレイに集める

②保存する書類を抜き出す

③保存する書類を
A4 封筒に入れる

④左端にタイトルを
記入する

2021/04/06

⑤⑥日付を記入し
下に一本線を
引く

⑦机の引出しに
順番に入れていく

## ②「いつ」で分類することで「探す手間」を大きく減らせる

また、経理、総務、人事、財務、私用などで分類すると、分けることに時間を費やしてしまいます。仕事別に分類すると、総務に保管していたか人事だったたか、経理か財務かなど、思い出すのに時間がかかります。分類するときは総務と思っても、探すときは人事だと思うこともあります。総務にないから人事を探すと時間のムダです。

人は「どこに」という場所分類よりも、「いつ」という時間分類のほうが記憶にあるといわれています。この方法だと、封筒の並んでいる場所で、およそいつ保管したか目安をつけて探すことができます。探す手間を大幅に減らすことができるのです。

超整理法を習慣化することで、「分類する時間」と「探す時間」の両方を短縮できました。

自分1人で考えるより、何倍も仕事の生産性を上げ、効率化できます。

自宅に持ち帰った書類も同じです。

机の3番目の引出しにすべて収納する。書斎、リビング、食卓テーブル、電話機のまわりなどに書類を置いておくと、探す手間がかかります。重要な書類をなくしてしまっては大変です。1カ所にあるので会社への持ち運びも便利です。

**POINT**

❶ビジネス書は実践しなければ、いくらたくさん読んでも意味がない。1つでもいいから行動に移せば、読んだ冊数分のスキルが手に入る。

❷著者（石川）は25年以上にわたり、野口悠紀雄氏の書類整理術を実践している。あらゆる書類を分野を問わず、片端から封筒に入れて1カ所にまとめる方法。

❸人は「どこに」という場所分類より、「いつ」という時間分類が記憶に残りやすい。封筒の並んでいる場所で、いつ保管したか目安をつけて探せるため、探す時間と手間を大幅に減らすことができる。

# 05 就業時間中は常に連絡が取れるようにしておく

## ① 出社しているときと同レベルのレスポンスを

第2項「必需品」のところでもふれましたが、テレワークで最も大事なのは「つながる」こと。平たく言えば、**「仕事中であればすぐに連絡が取れる」**ことです。

出社していたときは、フロアを見渡せば誰が仕事をしているかが一目瞭然でした。外出の際はどこに立ち寄って何時に戻るか、連絡手段はどうなっているかをホワイトボードなどで共有していました。

仕事を持ち帰ってサービス残業をするのと、テレワークで決められた業務をこなすのとでは、同じ自宅で仕事をするにしても大きな違いがあります。

業務内容によって、何時から何時までと時間で拘束される場合と、成果主義の場合とがあります。

どちらにしろ、「出社して仕事をしているときと同じように」上司からの指示を受けたり、同僚からの連絡や報告を受けなければなりません。

きちんと仕事をしていても、連絡が取れず決められた時間にアクセスしなかったり、電話やチャットなどに反応しない場合は、「サボっている」と思われるかもしれません。

フロアを見渡せば一目瞭然だった出社時との違いから、上司は、部下がどれだけ仕事をしているか、不安を抱えがちです。

普段からきちんと連絡を取れていて、成果を上げていれば、上司の不安は払拭されます。

逆に、Ｗｅｂ会議に事前連絡がない、現れない、電話に出ない、チャットに反応がない……こんなことを繰り返していると、本当に仕事をしているのか、上司の不安は強くなり、監視をしはじめるでしょう。

勤怠のチェックだけならまだしも、本当に仕事をしているかの在席確認や、業務に関係のないサイトの閲覧やゲームをしていないか、業務アプリの稼働状況の監視など、さまざまな手法で行動を1つ1つチェックされる可能性もあります。

## ② 連絡手段を1つに限定せず、複数用意しておく

人によっては、ある程度監視されたほうが、きちんと業務ができると感じたり、逆に、監視されていることで、取り組んだ業務の成果、業務に取り組む姿勢を上司にアピールできると考える人もいるかもしれません。

しかし、一般的には監視されることは窮屈で、働きにくいと感じます。

そうならないためにも、いつでも「つながる」＝「連絡が取れる」状態にしておくことが肝心です。

連絡が取れる状態にするためには、いくつかの連絡手段を確保する必要があります。

自宅ならいつでも充電できると油断し、スマートフォンの電源が落ちてしまったこ

とに気づかないかもしれません。

パソコンが突然アップデートを始め、勝手に再起動し、なかなか復活できないかもしれません。

停電など、やむを得ない事情が発生するかもしれません。

電話が通じるようにしておくのはもちろん、万一電話が通じなくても連絡の取れるチャットツールや、遅配のないメール環境を整備しておくなど、手段はいくつでも見つけられます。

面倒がらずに準備し、やるべきことをやって成果を上げれば、上司の不安も払拭できます。

業務をきちんと行なって成果を出せば働く場所を問わないのが、本来のテレワークです。

上司に監視されながら仕事をするのは、無意味な緊張感を強いられて、集中力が削がれてしまう気がします。ベストパフォーマンスが発揮できず、効率も上がらないでしょう。

ムダな監視がなく裁量にまかされている状態なら、好きな時間に休憩を入れ、家事や家族との時間を取るなど、出社していたときには時間に余裕がなくてできなかったこともできるのです。

やることさえやっていれば、自由です。

これこそ、働きながらプライベートも大切にする、理想的な状態といえるのではないでしょうか。

「連絡が取れる状態である」ことは、上司の不安を払拭しつつ、あなた自身の効率を上げることもできる最強のビジネスマナーなのです。

POINT

❶テレワークにおいて最も大事なことは「仕事中であれば、すぐに連絡が取れる」状態にしておくこと。もし、Wi-Fi環境に不安があるのであれば、有線の導入を検討する、携帯だけでなく、複数の連絡手段を用意しておく。

❷通信回線に不安がなくても、スマートフォンの電源が落ちてしまったことに気づかない、突然パソコンがアップデートを始めて勝手に再起動してしまいパソコンが使えなくなる、あるいは停電など、不測の事態に備えておく。

❸普段からきちんと連絡を取れて期待される通りの成果を上げることができていれば、上司や同僚からの信用度が高まるので、自分の裁量の範囲が広くなる。反対に、連絡が取れない、Ｗｅｂ会議をおろそかにするなどしていると信用度が下がり、最悪の場合、監視の対象になりかねないので注意。

# 06 スケジュールを共有することで業務をスムーズにする

## ① 1人ですべて完結する仕事は存在しない

仕事は、どんな業種、職種でも、1人で完結できません。企業や組織の一員ならば、同じ部署の同僚、上司、部下と仕事を連携し、別の部署とのかかわりだってあります。社外に目を向ければ、取引先とのやりとりや、フリーランスとの協力体制もあるかもしれません。

組織では、連携することで成果を高め、個人ではやり遂げられない大きな仕事を実現することができます。

そのためには、普段からコミュニケーションを取って信頼関係を深めておくことが必要です。

出社して仕事をすることが義務だった時代。上司がやたらと「今日は飲み会！」と声をかけていたのは、単にお酒を飲むのが好きという理由だけではなく、背景に「親睦を深めよう」という事情が隠れていたのです。もちろん、飲み会をしなくてもコミュニケーションを深めることはできますから、飲み会を強要される必要はないのですが……。

## 2 離れて働いているからこそ親密な情報共有を心がける

テレワークの時代には、コミュニケーションを深めるとともに、情報共有が重要になってきます。

思い返せば、以前から、さまざまなツールで情報共有がされていました。チャットツールや同報メール、電子掲示板などを利用して、社内、部内、あるいはチーム内での伝達事項を共有してきたことでしょう。

もしかしたら、担当者不在の電話を受けたときの伝言メモを付箋(ふせん)で渡したり、回覧板を回したり、行動予定を壁のホワイトボードで共有したりといったように、ITツールに頼らない情報共有がメインだった企業もあるかもしれません。

または、情報共有のメインが朝礼というケースもあるかもしれません。

ITツールでの情報共有に慣れている場合は、それほど心配ないかもしれません。そうでない場合は、テレワークになった途端に社内・部内の情報から遮断されたような気がして不安になったり、やるべきことが何なのかを見失ってしまうかもしれません。

その不安を払拭するために1つ1つ、業務ごとに確認を行なっていたらとても効率が悪くなります。

**テレワークだからこそ、互いの情報共有を親密にするよう心がけましょう。**さまざまなスケジュール共有ツールやタスク管理ツールなどを利用して、お互いが今、何に取り組み、進み具合はどの程度か、手助けできる体制を作れるか――こういったことを見える化して共有し合える状態が理想的です。

出社していたときは、気にならなかったかもしれませんが、仕事中に何気なく目に入るホワイトボードや、ちょっとした雑談の中で互いの進捗(しんちょく)状況・業務を進めていくうえでの悩みや問題点を知ることが、業務改善や効率を上げることに役に立っていたことに、テレワークになってから気づいた人もいることでしょう。

その状態を、テレワークでも作らなければなりません。

互いのスケジュールを知り、進捗状況を知ってタスク管理を適切に行なう。それこそが、業務を進めていく者同士での大切なコミュニケーションにほかなりませんし、テレワークでの効率強化と時間短縮につながるのです。

**POINT**

❶企業や組織の一員なら同じ部署の同僚、上司、部下と仕事を連携させていたり、取引先(社外)とのやりとり、外注先との共同作業も当たり前。

仕事を円滑に進めるためには、普段からコミュニケーションを取って信頼関係を深めておくことが必要。

❷テレワークの時代には、コミュニケーションを円滑に取るだけでなく、全員が離れた場所で働いているため、メンバーそれぞれの情報共有がこれまで以上に重要になる。仕事の生産性の面だけでなく、リスク管理の面からも情報共有はおろそかにできない。

❸出社して仕事をするのに比べて、まわりから入って来る情報の量が圧倒的に少なくなるのがテレワークの難点。それを補うためにも、チームメンバーがお互いのスケジュールを知り、進捗状況を知ってタスク管理を適切に行なうことが重要になる。それが効率強化と時間短縮にもつながる。

# 07 千差万別！お互いの事情を理解する環境づくりを

## ❶ そもそもなぜマナーが必要なのか？

ここ数年、ビジネスの武器としてマナーが認識されてきたためかどうか、理由はよくわかりませんが、マナーを専門として教える研修講師が増えてきました。

それにともない、マナー講師同士で差別化をするためか、常識とかけ離れた驚くべき方法をマナーとして披露する講師がときどき話題に上がります。

それぞれの講師が、責任と誇りを持って「マナーの普及」に取り組んでいると思います。しかし、正直なところ「このマナーはこの場面で本当に必要か？」と首をひねらずにはいられないものも散見されます。

言ってみれば、「マナーのためのマナー」が存在しているかのようです。

同じことを感じる人が多いせいか。検索エンジンで「マナー講師」と入力すると、「マナー講師　いらない」「マナー講師　滅びろ」「マナー講師　害悪」といったワードが並びます。

マナーは、本来ならば**お互いが相手を尊重し、気持ちよく暮らすための作法**であり、ビジネスにおいては、**お互いにストレスなく、気持ちよく働くための知恵**であるはずです。それなのに本来の機能を果たさないばかりか、害悪とまで言われてしまうのは、本当に残念なことです。

本来、マナーの根底にあるのは「思いやり」です。相手への敬意を合理的に表すものでなければ、マナーなどまったく意味がありません。

荒木飛呂彦による人気漫画『岸辺露伴は動かない』の中の「富豪村」がＮＨＫで実写ドラマ化されました。その際、マナー審査を受けざるを得ない状況になった主人公が吐いた台詞が名言でした。私は録画していたシーンを巻き戻し、思わずノートに書き留めました。

その台詞が、

**「すべてのマナーにおいて最大のマナー違反は、マナー違反をその場で指摘することだ」**

マナーの真髄（しんずい）が「思いやり」であることを考えれば、この台詞はまさにその通り。「思いやり」を離れて、形式だけにとらわれたり、マナー違反を必要以上に糾弾しようとするから、マナー講師は多くの人から「いらない」「滅びろ」「害悪」などと言われてしまうのです。

マナーを知識として入れている人ほど、相手の、「自分に対してマナーに欠ける行為」が気になって仕方ありません。

そのためある種の怒りの気持ちを持って相手のマナー違反を指摘してしまうのでしょう。

それでは、お互いに心地よい関係性を保つことはできません。

**マナーに詳しい人ほど、マナー違反には寛容であっていただきたいものです。**

## ②相手の事情や置かれている状況を思いやる

テレワークでのマナーも、大切なのは相手に対しての思いやりや敬意です。

離れた場所で、それぞれに仕事を進めていると、出社して顔を突き合わせて仕事をしていたときと違い、相手の状況を把握することが難しくなります。

そのために、情報共有が大事になりますが、細かいことまではどうしても把握し切れない部分があります。

想像力を巡らせて、お互いの状況を理解する努力が必要となります。

業務時間と思われているときに、1時間程度、相手と連絡が取れなくなった場合、つい「サボっているな」と思ってしまいがちですが、もしかしたら、得意先と長時間電話をしているかもしれません。

Web会議中に、子どもの声がどこかから聞こえてきたり、外を走る救急車の音が入り込んでしまったりする可能性もあります。

もちろん、適宜ミュートにして、必要以外の音声が入らないよう気をつかうことも必要です。しかし、突然のことで間に合わないことだってあります。

それ以前に、自宅でテレワークをしているのですから、生活環境に左右される事象が発生するのは、無理のないことです。

そこで目くじらを立てず、寛容でいることも、必要なことです。

顔を突き合わせて仕事をしているときには、相手の体調が悪いことは顔色を見れば理解できたことです。その場で思いやりの言葉をかけることも普通だったでしょう。

テレワークでは、「あいつ、サボっているな」と思ってしまうのは、なぜなのでしょう？

**すべての人が自分と同じ環境だと思わないこと**。環境が多少整っていなくても、それを理由に相手を責めたりしないこと。

そういった思いやりや心づかいも、テレワークに必要なマナーです。

一方で、事情があれば、**事前にメンバーに周知しておく**ことも、逆の立場としてマナーです。

常に顔が見えている環境ではないのだから、察してもらうことを期待せず、きちんと説明することも忘れてはいけません。

それと同時に、**「自分から相手に対するマナーは繊細に」「相手から自分へのマナーに対しては寛容に」**という気持ちを持つことも、大切です。

**POINT**

❶マナーとは、お互いが相手を尊重し、気持ちよく暮らすための作法。ビジネスにおいては、お互いにストレスなく、気持ちよく働くための知恵。

❷マナーの根底にあるのは「思いやり」。相手への敬意を合理的に表すものでなければ、意味がない。、形式だけにとらわれたり、マナー違反を必要以上に指摘するようでは、心地よい関係性を保てない。

❸自宅でテレワークをしている以上は、生活環境に左右される事象が発生するのは当たり前。仮に、相手になんらかの不手際があっても、目くじらを立てたりすることなく、寛容でいることも、テレワークをスムーズに行なうために必要。すべての人が自分と同じ環境だと思わない。

# リアルとはどう違うのか？<br>誰も知らない<br>「テレワークの話し方」

# 01 「声」「話し方」はそんなに重要か？

## ① なぜClubhouseはこれほど熱狂的に受け入れられたのか？

テレワークの導入により、遠隔でコミュニケーションを取る機会が格段に増えました。

「オンラインでの話し方」について、オフラインとは違った話し方を意識したほうがいいのか？　また、そもそも「音声でのコミュニケーション」はそんなに重要なのか？

結論からいうと、「オンラインでの話し方」は、とりたてて気にする必要はありません。

しかし、「音声でのコミュニケーション」は、重要です。

話し方や声の魅力を高めるコツをお伝えするまえに、音声によるコミュニケーションの重要性をお伝えします。

この本を執筆している2021年2月現在、「Clubhouse（クラブハウス）」というアプリが話題になっています。

「音声版ツイッター」ともいわれ、音声による発信・コミュニケーションがメインです。「room（ルーム）」と呼ばれる会話の場を設定すると、そこに出入りする人が自由に会話を聞くことができます。話し手と聞き手に分かれてはいますが、聞き手が意思表示をすることで話し手になることも可能です。

Clubhouseの特徴は次の通りです。

- 知人同士が集まって音声でのグループ通話ができる
- 著名人の会話を、ラジオを聴くように楽しむことができる
- 場合によっては、話し手側に回ることもできるので、著名人と会話ができる

実際、私も普段なら話すことなどできない芸能人や有名著者の方たちと話す機会ができ、時間を忘れてClubhouseにのめり込むこともあります。

アメリカで開始されたのは2020年4月。日本では2021年1月下旬。日本で開始されると瞬く間に無料アプリランキングのトップに躍り出ました。アプリはiPhone用のみでアンドロイドでは利用できません。また、招待制となっており、招待枠は1人2名までに制限されています（とはいえ利用状況によって招待者数は徐々に増える仕様になっています）。このような条件下にもかかわらず、利用者は爆発的に伸びています。

日本で報道された当初は、音声だけのSNSが受け入れられないという否定的な見方がありました。しかし、フタを開けたらこの熱狂ぶり。どれだけこの熱が続くかは未知数ですが、おおかたの予想を超える反響となりました。

否定的だった人たちは、「音声」メインのコミュニケーションであることを根拠としていました。

テレワークの普及により、Zoomなどのビデオ通話が浸透している今、視覚情報に頼らない音声だけのＳＮＳが浸透する余地はないと考えられていたからです。

しかし、かつての深夜ラジオが受験生にとっての「ながら勉強の友」だったように気軽に聴けること。音声のみなので、寝起きであっても、服装を気にしなくても、化粧をしなくても気軽に参加できること。そして何より、コロナ禍で他人とのコミュニケーションに対する渇望感もあって、音声メディアがうまくハマったのだといえるでしょう。

## ❷ 多くの人が誤解している「メラビアンの法則」

音声だけだと浸透しないと考えていた人たちの頭には、「メラビアンの法則」があったのかもしれません。アメリカの心理学者アルバート・メラビアンが提唱した非言語コミュニケーションについての法則で、セミナーや自己啓発などのコンサルタントがよく引用する規則です。

メラビアンの法則は、こんな風に説明されます。

「人間は他人とコミュニケーションを取る際に、55パーセントを視覚から、38パーセントを聴覚から、7パーセントを言語情報から得ている」

シンプルでわかりやすく、数字が提示されていることから、引用しやすいのでしょう。しかし、誤解を生んでいる場面もしばしば見かけます。

たとえば、次のようなものです。

「話す内容なんて受け取る側は7パーセントしか意識していない。話すスピードや声のトーンなどの聴覚情報は38パーセント。それよりも、重要なのは55パーセントも意識され相手に大きな影響を与える視覚情報である」

このように理解しているコンサルタントや講師がたくさんいます。しかし、正確ではありません。アルバート・メラビアン本人が否定しているように、コミュニケーションそのものにおける視覚情報や聴覚情報、言語情報についての割合を示したものではありません。

メラビアンの法則は、**「話し相手の言葉と態度に矛盾が生じるときに、視覚・聴覚・言語の中でどの情報を重要視するのか」という実験結果**にすぎません。

たとえば、恋人があなたから目をそらし（視覚情報）、やや後ずさりしながら（視覚情報）、ぶっきらぼう（聴覚情報）に「愛してる」と言ったとき、あなたはその言葉を信じるでしょうか？

その言葉（言語情報）は真実ではなく、「何か裏（魂胆）があるに違いない」と感じるでしょう。

逆に、恋人がうるんだ瞳でじっとあなたを見つめて、頬を高揚させながら幸せそうな顔をして「バカ」とやさしくひと言、言ったとしたらどうでしょう？

特にかかわりのない第三者から言われたら不愉快になる「バカ」という言葉が、心地よい愛のささやきに聞こえるのではないでしょうか。

本来はこのような「言語・聴覚・視覚で一貫性のないメッセージが同時に入って来たときに、相対的にどのメッセージが重要視されるか」という場合にのみ、メラビアンの法則が成り立ちます。

決して「人は話の内容よりも、話すスピードや声のトーンよりも、見た目や表情で他者を判断する」ということではないのです。

## ❸「声」は見た目よりものをいう

「見た目が重要」という説では、2005年に出版された竹内一郎氏の著書『人は見た目が9割』（新潮社）は、190万部を超えるベストセラーになりました。人間は言葉以外にも、しぐさや服装、表情などさまざまな情報を発していることを解説した非言語コミュニケーションについての名著です。

しかし、劇作家であり舞台演出家でもある著者の竹内氏は、そのあと『「声」は見た目よりものをいう』（潮出版社）、『人生は「声」で決まる』（朝日新書）という本を著しているのです。

『人は見た目が9割』の著者が、そのあとに『「声」は見た目よりものをいう』と言っています。

音声のコミュニケーションが、いかに大事か。

**声は、発する人の心の温かみや、心身の健康状態を如実に反映します。**

相手の楽しそうな声を聞くと、なんだかほっとした気分になります。Clubhouseが急速に、多くの人びとから熱狂的な支持を得たのも、声がそれぞれの話し手の人柄や情熱を伝え、機械的なものではない人のぬくもりが感じられるからという一面もあるでしょう。

気持ちに不安な点があったり、体調に異変を感じたりすると、ノドが詰まったような声になったり、声そのものが出なくなったりという症状が現れます。心や身体と声は、深いつながりがあるのです。

音声によるコミュニケーションは、マスク着用が当たり前になった生活の中でも衰えることはありません。むしろ今後もコミュニケーションにおいて、音声はますます重要な存在となっていくでしょう。

❶音声による発信・コミュニケーションで交流するSNS「Clubhouse」をはじめ、さまざまなボイスメディアが登場し、多くのユーザーが参加している今、音声の重要性が改めて見直されている。

❷メラビアンの法則が成り立つのは「言語・聴覚・視覚で一貫性のないメッセージが同時に入って来たときに、相対的にどのメッセージが重要視されるか」という場合のみ。決して、見た目ですべてが決まるわけではない。

❸声は、発する人の心の温かみや、心身の健康状態を如実に反映する。また、人間は他人の楽しそうな声を聞くことで、気持ちが落ち着く。テレワークが当たり前になった時代、音声によるコミュニケーションは、今後ますます重要な手段となる。

# 02 声の大きさを気にするよりもマイクを使え

## ❶ 話し方の注意点は普段と同じでいい？

オンラインでのコミュニケーションの機会が増えると、話し方はどうすればいいのか？　テレワークだからこそ気をつけるべきポイントがあるのではないか？　マナー的にはどうするのが正解なのか？

こういったことに迷ってしまう人も多いでしょう。

端的に言うと、注意する点は**これまでの普段の話し方の注意点と、なんら変わりません。**

・早口すぎるよりは、ややゆっくりめに話したほうがいい
・ボソボソと小さな声で話すよりは、ハキハキと話すほうがいい
・滑舌はよくしたほうがいい
・高すぎるキンキン声よりは、落ち着いたミドルトーンがいい
・腹式呼吸でゆったりとした息づかいをしたほうが、声に説得力が出る

いかがでしょうか。「話し方」や「声」そのものについては、オンラインだから普段と変えなければいけないわけではありません。普段から気をつけるべき点を、引きつづき気をつけていれば大丈夫です。

## ❷ 好感の持てる声は「自然な張り」から生まれる

ただし、リアルの会議と比べると、自宅からのオンラインは、相手との距離感がつかみづらいかもしれません。

会議室で向き合っているときには、聞き手との距離が物理的にどのくらいあるのか、目で見て判断ができます。

意識せずに、相手との距離に応じた適切な声の出し方ができます。

いっぽう、パソコンやスマートフォンの画面に向かって話しかけていると、リアルに対面で話すときよりもお腹の力が抜け、息の多い話し方をしてしまう人が多い傾向があります。

お腹の力が抜けた状態でしゃべることと、力まないでしゃべることは、似て非なりです。身体によけいな力が入らない状態で話すことは、声を響かせるうえでとても大切なことです。お腹の力をダラッと抜いた状態での発声は、単なる「元気のない声」になります。

体全体を使って響かせる声がよいのは、リアルでもオンラインでも同じですが、オンラインでは、つぶやくような声になってしまう人が多いのは、残念なことです。

画面に向かった状態でも、背筋を伸ばしてシャキッとする。それを意識するだけで、好感の持てる発声になります。元気よく話せば、自然と声は張り、やや高めのトーンになります。その「自然な張り」がポイントです。

## ③ 緊張しても早口にならずに済む方法

話すスピードについては、ややゆっくりめを心がけると格段に聞きやすくなります。

人間は緊張すると、早口になります。早口になればなるほど、頭の回転と口の動く速さにギャップが生じ、口の動きを自分がコントロールできていない感覚に襲われます。

そうなると、よりいっそうあせる。あせるとなおさら早口になって……という悪循環におちいります。

そうなると最後です。

自分でも何を言っているかわからなくなるし、聴いている人からも「意味がわからない」「聴き取れない」「つまらない」といった評価を受けます。

ですから、**緊張しているときこそ、意識的にゆっくり話すようにしましょう**。

緊張と早口の負のスパイラルを断ち切るためには、意識してゆっくりめに話すことが重要です。

緊張による早口を解消するには、２つの方法があります。

１つめは、**「距離感」を意識すること**。

離れたところにいる相手に何か大切なことを伝えようと思ったら、自然と声は大きくなり、話し方はゆっくりになります。

たとえば、50センチ先にパソコンの画面があったとしても、相手は２メートル離れたところにいるとイメージしてください。

２メートルなら、どなるような大声を出す必要はありません。やや張り気味の声で、一音一音をはっきりと発音させてゆっくり話しかけることで、あなたの声はきちんと届きます。

２つめは、**「間」を取ること**です。

「間」を取ることも慣れるまでは勇気がいります。緊張しているときの「間」の１秒は、１分にも２分にも感じられてしまうものです。

そこをグッと、勇気を出して３秒程度の「間」を作ってみましょう。

話の転換をするとき。聴き手に質問を投げかけて考えさせるとき。次に言う言葉を強調したいとき。ぜひ頭の中で3秒カウントしてから話してみてください。

「3秒は長すぎる」と感じるでしょうか？

大丈夫。3秒数えたつもりでも、緊張していると実際には1・5秒程度でしかなかったりするものです。

頭の中で3秒、数えてみてください。

**「間」を使いこなせると、話していても自然と落ち着きます。** あなたが話をする「場」を上手にコントロールできるようになっていきます。

ゆっくり話す、そして、「間」を上手に使う。聞き返されることも減り、結果的に時間を効率よく使えます。

キャッチボールで相手にボールを投げる。相手が受け取ったことを見届ける。さらに相手が投げ返しやすい位置にグローブをかまえる。そんなイメージです。

コミュニケーションは、投げたボールを受け取ってもらわなければ成り立ちません。キャッチしやすいボールを投げるために、普段から気をつけるべき点を意識しながら話してみましょう。

## 4 よい話し方・よい声を台無しにしないために

オンラインでのコミュニケーションでは、声や話し方を意識する以上に、気を配らなければならない点があります。

それはズバリ、**マイクを使うことです**。

マイクはパソコンに内蔵されていますが、性能や音質が十分ではありません。

話し方の練習や、声をよくするトレーニングをいくらやっても、マイクを使わなかったらなんの意味もありません。

たとえるなら「身だしなみをきちんとしようと思って、新品の下着をおろしてシャツにパリッとアイロンをかけて万全な服装を準備。でもその上からよれよれのジャケットを着た」ようなものです。せっかくトレーニングを重ねてきた声や話し方を、台無しにしてしまいます。

逆に、テレワークでの通話にふさわしいマイクを使っていれば、声の出し方や話し方がいつも通りであっても、通話している相手から見た（聴いた）印象は格段に上がります。

そのくらい、マイクの存在は重要なのです。

**言い換えれば、音声コミュニケーションで大事なのは、「声」ではなく「音質」**。身だしなみを整えるのと同じように音質に気を配るほうが、マナーにかなっています。

そのためにも、マイクは必需品なのです。

## 5 マイクはどれを選べばいい？

マイクの使い方がよくわからないし、どんなマイクを選んだらいいのか見当もつかない。そんな人もいるかもしれません。

安心してください。ラジオ局のプロが使用している本格的なマイクセットを揃える必要はありません。数千円のものでまったく問題ありません。

おすすめをいくつか紹介しましょう。

## ▼スマートフォン用のマイク付きイヤフォン（有線）

専門家の間でも特に評価が高いのは、iPhoneの付属マイク付きステレオイヤフォンです。iPhoneを買うとついてくる白いマイクです（iPhone12からはオプション扱い）。正確には「イヤーポッズ」が商品名です。ほとんどのパソコンで使用できます（パソコンの機種によってはまれに正しく機能しないものもあります）。

付属品、悪く言えばオマケですから、甘く見てしまいがちですが、実は高性能。**リモコンのところに内蔵された小型マイクが、室内の反響音など雑音に左右されず、きれいに声を拾う**ので、画面越しの相手には大変よい音質で届きます。

新型コロナウイルスの感染が拡大して以降、スポーツや芸能の取材もＷｅｂ会議ツールで行なうことが増えました。記者会見での質問をする記者でも、音声がはっきり届く人もいれば、音質が悪く声が聞き取りづらい人もいます。

同じ会見にいた新聞記者の音声がとても聞き取りやすいので、「何か特別なマイクを使っていますか？」と尋ねたら、「iPhoneの付属イヤフォンです」という回答でした。

周囲がざわざわしているときでも、リモコン部分を口元に近づけて話せば、外野の音にじゃまされることがほとんどなく、声がきれいに聞こえます。

アマゾンで2000円前後で販売されていますし、多くのコンビニエンスストアで取り扱っています。

設定も、パソコンのイヤフォンジャックに差し込むだけ。この金額のうえにこの手軽さで音質が格段に上がるのですから、「どのマイクにしたらいいかわからない、難しいことはしたくない」という方には、「イヤーポッズ」をおすすめします。

注意してほしいのは、ワイヤレス（無線）で便利そうだからと「エアーポッズ」（ケーブルで接続しないで接続するイヤフォン）を選ばないことです。

エアーポッズはワイヤレスのため、パソコンとイヤフォンの間の通信が、環境によっては不安定になります。

さらに、構造上、マイクが耳元に配置されるので、口元にマイクがくるイヤーポッズと比べると、声以外の余計な音を拾いがちです。

ユーチューブなど動画投稿サイトには、イヤーポッズとエアーポッズを使ったときのそれぞれの音質の違いを検証した動画も数多く投稿されています。検索して実際に聞いてみてください。

「マナー」の観点から音質を考えるのであれば、**ワイヤレスよりも有線タイプのイヤフォンマイク**を選んでください。

## ▼ヘッドセットタイプのマイク

簡単に言うと、ヘッドフォンにマイクがついたような製品です。ロードサービス付き損害保険のCMなどで、コールセンターのスタッフが装着しているもの、といえばイメージしやすいでしょうか。

さまざまなタイプの商品が発売されています。価格は2000~5000円程度です。ヘッドフォンのイヤーパッド付近から口元にかけてマイクが延びているものが多く、口元で音を拾うので、イヤーポッズと同様に声をきれいに集音できます。

これも音質の低下を防ぐために、ワイヤレスタイプを選ばないように注意してください。

ワイヤレスのほうが動きやすくて便利です。音質の面から考えると、どうしても安定感に欠けます。

## ▼コンデンサーマイク

音質改善を目指すなら、コンデンサーマイクを検討してください。USBで直接パソコンに接続できますが、徹底的にこだわるならオーディオインターフェイスで接続してもいいでしょう。

プロのナレーターや、動画配信者、ゲーム実況者がよく使用するマイクです。長時間話しつづける講師業の方は、コンデンサーマイクを使って**よりよい音質で話したほうが受講者の集中力を継続させる**ことができます。イヤフォンやヘッドセットのマイクはどうしても長時間装着していると疲れてしまいます。卓上やスタンドを使ってマイクをセッティングするタイプのコンデンサーマイクなら、その心配はありません。

値段はピンからキリまであります。値段が高ければ音質がよくなるかというと、そういうことでもありません。デモ音声を比較するなどしてご自分に合うものをじっくりと選んでください。

POINT

❶オンラインであっても、リアルであっても、声と話し方の基本は変わらない。「ゆっくりめ」「ハキハキ話す」「滑舌に注意する」「落ち着いたトーン」「ゆったりした息づかい」など、相手が聞きやすいように話すことが重要。

❷緊張して早口になってしまうクセがある人は、相手との「距離感」を意識する（少し離れていると思う）ことと、「間」を取ること（勇気を出して3秒程度の「間」を作るように心がけるとよい）。

❸自分の声や話し方がいくらよくなっても、マイクの性能が低いと台無し。逆に、声の出し方や話し方がいつも通りであっても、高性能のマイクを使ってよい音質で伝えると相手の抱く印象は格段に上がる。マイクに投資しよう。

# 03 局アナも使う、魅力ある声や話し方を作る練習法

## ❶ プロがやっている「声と話し方がみるみる向上する練習法」とは

誰にでも簡単にできて、どんな人でも声や話し方の質が向上する、即効性のある練習法があります。

新卒入社した局アナの訓練の際にも使う方法です。とても効き目があるのにもかかわらず、多くの方はこの方法を知ると「いや、それはちょっと……」と尻込みします。

それは、**「話している自分の声を録音して、聴き直す」**ことです。

本当に効き目があるにもかかわらず、多くの方が「イヤだ」といいます。


**「自分の声を聴くのが恥ずかしい」**

**「自分の声は嫌いだ」**


というのが、その理由です。

わかります、その気持ち。

人間の声は、他人が聞いている声と自分自身に聞こえる声が違っています。

自分自身に聞こえている声は、頭蓋骨などの骨の振動が合わさって聴覚器官に伝わる「骨伝導」のため、空気振動のみが伝わって他人の耳に届く声と違って聞こえてしまうのです。

普段から「自分の声はこういう声だ」と思い込んでいても、録音した声を客観的に聞こうとすると戸惑うのです。

「これは誰の声だろう？　自分が普段聞いている自分の声とは明らかに違う！」と。

自分の声は嫌いだ、自分の声を聴くのは恥ずかしい。気持ちはとてもわかりますが、そこでやめてしまうのは、もったいないことです。

## ② 聴くは一時の恥、聴かぬは一生の恥

新卒入社した局アナは、録音した自分の声を何度も何度も聴き直します。その声は、自分が思っていた自分の声とは違うものです。でも、いえ、だからこそ、何度も何度も何度もしゃべり直し、何度も何度も聴き直します。

**他人には、自分の声や話し方がどんな風に聴こえているかを知るため**です。知ることによって、自分が本来表現したかった声や話し方に近づけるためにはどうしたらいいか、工夫をしてしゃべり直し、また録音して聴き直します。

たとえて言うならば、**鏡を見て身なりを整えることと同じ**です。大切な方と会う約束がある日に、鏡を見ずに出かけたりするでしょうか？

上着を裏表に着ているかもしれませんよ？

肩のあたりに汚れがあるかもしれませんよ？

髪に寝ぐせがあるかもしれませんよ？

どれも、知らずにそのまま外を歩いたら恥ずかしいことです。

出かける前に鏡を見て確認することによって、その恥を避けることができます。

録音して、自分の声を客観的に聴くのも同じことです。

話すスピードがちょっと速すぎるかもしれません。

声に自然な張りが思っていたよりもないかもしれません。

「えーっ」「あのーっ」が多いかもしれません。

何度も咳払いをして、不快感を与えているかもしれません。

自分が理想としている声や話し方とは違い、ガッカリするかもしれません。しかし、それが他人が普段聴いているあなたの「声」であり、「話し方」なのです。

声や話し方の欠点は、あなた自身が無意識のうちに、やっているクセなのではないでしょうか。

客観的に聴き直せば、どの点に気をつけたらいいかのポイントがわかります。恥ずかしいからと、聴かずにいては、クセに気づかないままです。

鏡を見た瞬間に、寝ぐせがあるとそのときは恥ずかしいかもしれませんが、人に会う前に直すことができます。鏡を見ずにいたら寝ぐせのまま人に会ってしまうことになります。

**自分の声を聴いた瞬間の恥ずかしさよりも、他人を不快にしてしまうクセをそのまま放置してしまうほうが、もっと恥ずかしいものです。**

「聞くは一時の恥、聞かぬは一生の恥」ということわざがあります。

一時の恥をしのんで自分の声と話し方をチェックすることで、一生の恥を回避できるのです。しかも、それほど労力も時間もお金もかかりません。ぜひ、試してみてください。

❶誰にでも簡単にできて、どんな人でも声や話し方の質が向上する即効性のある練習法は「話している自分の声を録音して、聴き直す」こと。プロのアナウンサーが必ずやっている練習法だけあって効果は抜群。

❷自分自身に聞こえている声は、頭蓋骨などの骨の振動が合わさって聴覚器官に伝わる「骨伝導」のため、空気振動のみが伝わって他人の耳に届く声と違って聞こえてしまう。そのため、録音した声を客観的に聞いたときに「これは誰の声だろう？　自分の声とは明らかに違う！」と戸惑ってしまう。

❸声を録音して聞き直すことの目的は、自分の声や話し方が相手にどんな風に聴こえているかを知り、欠点やクセを修正するため。鏡を見て身だしなみを整えるのと同様の相手に対する礼儀。

# 04 クッション言葉の使い方

## ❶ 大人の話し方は「角を立てない」が基本

オンラインでもリアルでも、言いづらいことを言うときは、言い換えたり「クッション言葉」を挟み印象を柔らかくすると効果的です。

たとえば、「ちょっと待ちなさい」という命令は「お待ちいただけますか？」という依頼の形にすると角が立ちません。

また、「ありません」「できません」「わかりません」といった否定を表す言葉は、それぞれ「切らしております」「いたしかねます」「わかりかねます」と肯定的な言い方に変えると印象がグッとポジティブになりますよね。

クッション言葉は、文章の前にひと言入れて、文章の印象を柔らかくするものです。

・質問するとき……「恐れ入りますが」「失礼ですが」「差し支えなければ」
・提案をするとき……「よろしければ」「差し支えなければ」
・依頼するとき……「恐れ入りますが」「お手数ですが」「ご面倒ですが」「ご迷惑でなければ」「恐縮ですが」
・断るとき……「申しわけございませんが」「残念ですが」「あいにく」「せっかくですが」「ありがたいのですが」「恐れ入りますが」
・ねぎらうとき……「お暑い中」「お寒い中」「お足元の悪い中」「お忙しい中」

これらの言葉を挟むか挟まないかで、印象がずいぶん変わります。

「言い換え」や「クッション言葉」は、リアルの場面でも必要なマナー。コミュニケーションの機会が薄くなっているテレワーク時代だからこそ、互いにスムーズなやり取りを行なうために大切にしたい気づかいです。

❶「ちょっと待ちなさい」という命令を「お待ちいただけますか？」という依頼の形に言い換える。「ありません」「できません」「わかりません」は、「切らしております」「いたしかねます」「わかりかねます」などと言い換えることで角が立たない。

❷相手の依頼を断る際は、「できません」「イヤです」とストレートに言わずに、「申しわけございませんが」「残念ですが」「あいにく」「せっかくですが」「ありがたいのですが」「恐れ入りますが」などのクッション言葉を挟むようにする。

❸言い換えやクッション言葉は、リアルでもオンラインでも必ず押さえておきたいマナーの1つ。

# 05 オーバーリアクションで上手な「聴く」を表現しよう！

## ① 話し上手は聴き上手

パソコンの画面越しに行なうコミュニケーション。

話す際や伝える際に気をつけるポイントとして、話し方の注意点やマイクの選び方、録音して客観的に聴き直す技術、クッション言葉の使い方などをお伝えしてきました。

ただし、コミュニケーションは伝え手だけでは成り立ちません。

「コミュニケーションの達人」というと話し上手な人というイメージがありますが、実は、受け止め手である**聴く側の力こそ重要です**。投げたボールを受け止める人がいないとキャッチボールはできません。コミュニケーションも受け手がいなくては成り立ちません。

画面越しに「聴く」ことを表現するため、ただ話を聴いているだけでは、本当に聴いているのか、ちゃんと伝わっているのかが、話し手にはわかりづらいものです。

そこで、テレワークだからこそ意識したい、戦略的な「聴き上手」についてお伝えします。

## ② 相づちを打つときのジェスチャーは大きめに

目の前で話を聞くときには、話し手の側に身体を向け、軽く前傾姿勢をとる。そして相手の話の邪魔にならないタイミングで「そうですね」などの相づちを打つ。場合によってはメモを取りながら話を聞くと、話し手としてはより話しやすさを感じるといいます。

しかし、同じ動作を画面越しで行なっても、同様の効果は得られません。

オンラインでの会議やミーティングの場合、発表者・話し手以外はミュートの状態にしますから、言葉で相づちを打っていても、話し手には聞こえません。

**ここで大事になるのは、ジェスチャーです。**

相手の話に合わせて、首を大きく上下にふる「うなずき」の動作。これをやや大げさな動きで相づちを伝えましょう。

言葉による相づちにも「そうですね」以外にさまざまなバリエーションが存在するように、うなずきの動作にもさまざまなバリエーションを用意しておくと「きちんと聴いていて、話の内容が伝わっている」ことが見た目で話し手に伝わります。

**ポイントは、自分が思うよりもやや大げさに動くこと。**小さな動きでは画面越しでは伝わりません。

また、「挙手」や「リアクション」を求められたときには積極的に応じましょう。

**「見た目で伝わる反応」を見せることが、オンラインでの聴き上手の鉄則です。**

「うなずき」や「挙手」「リアクション」など、聴き手としての反応を視覚的に表現できれば、話し手はその反応によって、話しやすくなります。「話しやすさ」を刺激することで、スムーズな会話をうながし、会議を円滑に進めることができます。

リアルの会議でもありがちですが、人の話を聴かずに自分の話だけをまくしたてるのは最悪です。コミュニケーションのキャッチボールが成り立ちません。

POINT

❶「コミュニケーションの達人」は、「話し上手」というだけでなく、同時に「聴き上手」でもある。なぜなら、会話という言葉のキャッチボールは、投げたボールを受け止める人がいないと成立しないから。

❷会話の最重要要素の1つ「相づち」をリアルでの対面と同じようにやっても、相手に伝わらない。そのため、相手の話に合わせて、首を大きく上下にふる「うなずき」の動作をすることで、相手に聞いていることが伝わる。

❸テレワーク時代の聴き上手は、「うなずき」や「挙手」「リアクション」など、反応を視覚的に表現できるジャスチャーを自然に出せる人。

# 第3章

# 油断大敵！<br>テレワークでの<br>身だしなみ

# 01 自宅にいても会社の業務服装はどうする？

## ① テレワークでも第一印象が肝心

身だしなみは社会人にとってマナーの第一歩です。

初対面の人と会うとき、自分にとって影響のある人ならなおさら、「どんな服装で出かけたらいいか」「持ち物はどうしたらいいか」などを考えるはずです。就職活動、オフ会、初めて訪問する営業先など。

第一印象の良し悪しは、最初の数秒で決まるといわれています。

ビジネスでは、一度ついた印象を変えることはなかなかできません。そのため第一印象をよくすることが重要です。

服装も、ファッション性より、立場や役割、場所などをわきまえて、信頼感や安心感を優先しましょう。

清潔感が何より重要です。

靴は汚れていないか、女性ならストッキングは伝線していないか、寝ぐせはないか。姿勢はよいか。目線は泳いでいないか——自分で意識しない点でも相手はあなたを判断します。

どんなに能力があっても、人柄がよくても、第一印象で扉が閉ざされてしまっては意味がありません。

**内面や能力を正しく知ってもらうためにも、身だしなみは、大切です。**

マナー本の多くが、身だしなみを最初に書いています。それだけ、押さえておきたい重要なポイントだといえるでしょう。

## 2 「見えるところだけ整える」人が最も多い

テレワークの場合はどうでしょうか?

画面越しで初対面の方とあいさつをし、直接顔を合わせずスタートすることもあります。

見えているのは胸から上のみ。対面のように、全身を捉えられません。

では、画面に映る範囲だけ整えればよいのか?

答えは、ある意味「イエス」ですが、ある意味「ノー」です。

対面のように全身が相手の目に入るわけではありません。

**あなたの姿が写っている画面が、相手が受け取る視覚的な情報のすべてです。**

相手から見える範囲を整えておくことは、「最低限」のマナーです。

第一印象でイメージが決まってしまうのは、リアルの初対面でも、オンラインでの初対面でも同じです。

実際、どの程度の人が身だしなみに気をつけているのでしょうか?

アンケートでは、「見えるところだけ整える」が最も多く、「髪型」「ヒゲ・メイク」「服装」のいずれでも40〜50パーセント、「すべて整える」は40パーセント前後、「整えない」は10パーセント程度という結果でした。

「すべて整える」「見えるところだけ整える」を合わせると9割に迫ることから、画面越しでも身だしなみに気をつかうことが基準であることもわかります。

自宅に1人で仕事をしていると、リラックスして気がゆるんでしまいがちです。画面越しとはいえ、人と接する機会があれば、身だしなみを整える意識が働くの

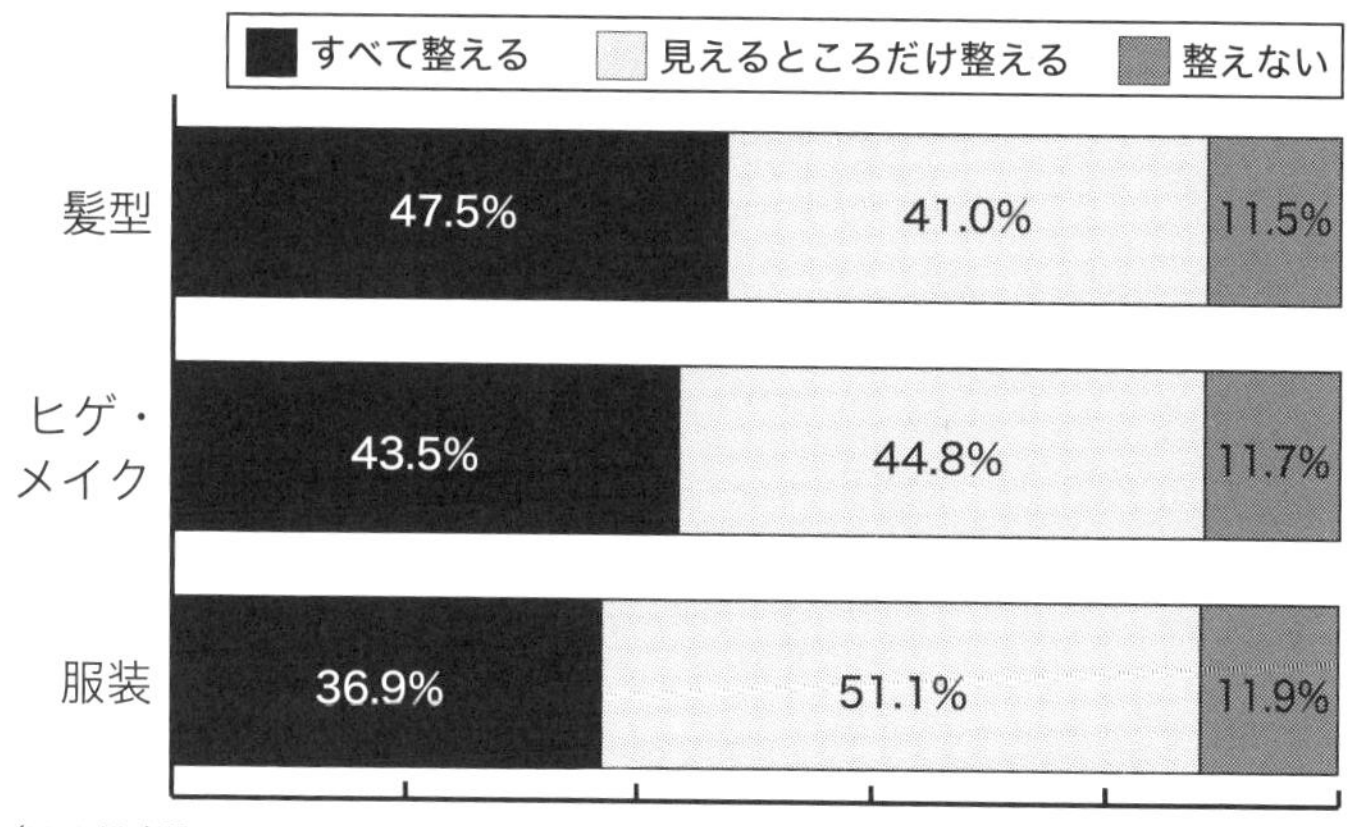

(モバイル専門のマーケティングリサーチ機関　MMD研究所が2020年10月に行なったアンケート調査より)
https://mmdlabo.jp/investigation/detail_1892.html

でしょう。

## ③ 上半身さえきちんとしていればOK？

「画面に映る範囲だけはちゃんとしていればいいのか？」という問いに「ある意味『イエス』ですが、ある意味『ノー』」と答えました。なぜ「ノー」なのか？

自宅だとどうしても気がゆるむこともあります。

通勤なら、朝起きて、ふさわしい服を着て、ヒゲを剃ったりメイクをしたり、髪型を整え、電車や車や徒歩で職場に行きます。

満員電車で通っていた人は、相当なストレスだったことでしょう。

しかし、「通勤する」という行動が、気持ちを切り替え、意識する／しないにかかわらず、「よし、仕事をするぞ！」とスイッチが入る原因になっていたのではないでしょうか。

テレワークでは「通勤」というスイッチが入りません。

夜眠って、朝起きて、途切れのない流れの中で、仕事がスタートする。

パジャマのままパソコンのスイッチを入れて、とりあえずメールチェック。続いて自宅作業。上半身さえ整えていれば、それ以外はラフな格好でも叱られることはない。

しかし、振り返るとどうでしょう？

通勤時間、雑談、飲み会などがなくなり、時間的には余裕があるはずなのに、「生産性が低い」「能率が上がらない」ことはないでしょうか？

**それは、服装のゆるみからくる気持ちのたるみで、メリハリのきいた仕事ができていないからかもしれません。**

「画面に映る範囲だけちゃんとしていればいいのか？」の問いに対して「ある意味『イエス』ですが、ある意味の『ノー』」の理由は、ここにあります。

オンとオフの切り替えが難しい自宅だからこそ、気持ちの切り替えをきちんと行ない、集中して仕事をしたほうが、効率が上がるのです。

## ④ きちんとした服装は、相手に対してのマナー以上に効果的

1990年代の半ば頃から、女性の間ではインナーウェア（下着）に凝る人こそ本物のおしゃれという考え方が受け入れられるようになりました。

アウター（外側に着る服）をおしゃれにすることはもちろん大事だし、そこに力を注げば、おしゃれに気をつかっている人だとわかりやすく判断できます。

でも、下着をおしゃれにしたところで、第三者の目にさらされる機会はほとんどありません。にもかかわらず、「下着のおしゃれを楽しむ女性が本物のおしゃれ」といわれるのは、なぜでしょうか？

「下着のおしゃれ」は、もしものことが想定されるときのために着用する、いわゆる「勝負下着」とは違います。「勝負下着」は、自分以外の人の目に触れることが前提で選ばれます。「下着のおしゃれ」は、誰かの目にふれることを想定していません。

おしゃれを楽しむのは、あくまでも自分自身。誰の目にふれなくても、高級で、凝っ

たデザインのランジェリーを身につけると気分が高まり、気持ちを充実させることができるのです。

それは、ネイルへのこだわりと似ています。

指先は、仕事をしていると何かと目につきます。

他人の目を気にして、ネイルを整える人もいるかもしれません。しかし、大半の女性は「美しく飾った自分の指先が目に入り、テンションが上がるから」ネイルをしているのです。

ランジェリーのおしゃれも、同じ理由

職場でネイルをする理由・目的は？

**1位　自分の気分を上げるため……………65%**

**2位　おしゃれのため…………………………13%**

**3位　特になし（プライベートの延長）………7%**

**4位　まわりからの印象アップのため………6%**

**5位　社会人としてのマナーのため…………5%**

（オフィスネイル実態調査アンケート：オズモール　2020）
https://www.ozmall.co.jp/nailsalon/office/

です。自分の気分を上げるため。可愛くておしゃれな下着を身につける、それだけで気分がときめいて、気持ちに張りがでてくるのです。

**身につけるものは、他人から見えていてもいなくても、自分自身の気分を大きく変えることができるのです。**

テレワーク中も、服装次第でオン／オフの切り替えを容易にすることができます。どうせ見えないからと、下半身は1日中パジャマやスウェットのままですごしていては、仕事モードに切り替えることは、難しいでしょう。

オン／オフを切り替え、気持ちにメリハリをつけて仕事をする――そのほうが、能率は上がります。寝起きの格好でダラダラと作業をするより、着替えてピシッと仕事をすれば、やる気も出るし、時間効率の面でも成果が上がります。

とはいえ、出社時と同様に、「スーツにネクタイのビジネススタイルを貫け！」と言っているわけではありません。

もちろん、「そういう服装でないと仕事のスイッチが入らない」人なら、ガチガチのビジネススタイルを身にまとってもいいでしょう。

そこまでしなくても、**いつ突然Ｗｅｂ会議が始まってもあわてない程度の清潔感の**

**あるスタイル**であれば、会社の方針にもよりますがカジュアルでも問題はないと思います。

女性の場合は、従来の勤務スタイルであっても「オフィスカジュアル」というドレスコードがありました。テレワークでは、男性にも「ビジネスカジュアル」という概念が広まっていくかもしれません。

## 5 連日自宅！　ヒゲやメイクはどうする？

服装だけでなく、髪型もどうしたらいいか気になる人が多いでしょう。

画面越しとはいえボサボサの頭では不快感を与えてしまいます。清潔感のある髪型にまとめておきましょう。服装と同じで、ガチガチに固める必要はありませんが、寝ぐせはNGです。

Webて会議では顔が映る以上、ヒゲやメイクもある程度は気にしたいもの。

しかし、ヒゲやメイクについては、うっかり忘れても、Web会議ツールには強い味方があります。

Zoomの「スタジオエフェクト」という効果で、ＡＩ制御による眉・口ヒゲ・あごヒゲ・リップカラーの色と形、色の濃さを選ぶことができます。

この効果をオンにしておけば、万が一スッピンでも、自然に眉やくちびるを色づけ、口ヒゲやあごヒゲを整えた状態で画面上に現れることができます。

本書執筆中の２０２１年2月時点で、搭載されているＷｅｂ会議ツールはZoomだけです。しかし、これまでもZoomだけに搭載されていた機能がほかのツールでも対応した例はたくさんあります。今後のバージョンアップで搭載される可能性は大いにあります。

これさえあれば、ヒゲやメイクの問題は心配いらなくなります。

ただし、服装のところで述べたように、きちんとすることによって自分自身の気持ちの切り替えができる。スッピンや無精ヒゲですごしたりせずに、仕事のオンモードに切り替える際に、ヒゲやメイクを整えておくことをおすすめします。

それはあくまで、自分自身の作業効率を高めるためであって、マナーが理由ではありません。

POINT

❶アンケートでは「見えるところだけ整える」が最も多く、「髪型」「ヒゲ・メイク」「服装」のいずれでも40～50パーセント、「すべて整える」は40パーセント前後、「整えない」は10パーセント程度と、約9割が身だしなみには気をつかっている。

❷在宅勤務だと「通勤する」必要がなく、朝起きてそのまま仕事という流れになるため、気持ちを切り替えるスイッチが入らない。あえてきちんと着替えたほうが、気持ちの切り替えができ、集中して仕事に取り組めるので、効率が上がる。

❸ボサボサの頭では相手に不快感を与えてしまう。清潔感のある髪型にまとめておくべき。もちろん、寝ぐせはＮＧ。ヒゲやメイクは、Ｗｅｂ会議ツールの補正機能を使うことで画面越しにきれいに見せることができる。

# 02 なるべく高性能のカメラを選ぼう

## ❶ おすすめできないパソコン内蔵カメラ

Ｗｅｂ会議ツールで会議やミーティングを行なってきた筆者個人の経験から、カメラについては、ノートパソコン内蔵のものを使っている人が多い印象があります。内蔵マイクの音声ほどではありませんが、内蔵カメラもそれほど性能がよくありません。製品によっては顔が画面の３分の２以上を占めることがあります。

画面越しの会議やミーティングでは、視覚情報は画面に映ったものがすべてです。意図的に調整ができるのであれば、できるだけよい印象を与えられるように工夫したいものです。

ほかの会議参加者に比べて明らかに大きさが違う場合は、良くも悪くも目立ってしまいます。大きく映りすぎるよりは、画面中央に、画面全体の3分の1から4分の1程度のサイズで映るくらいが、好感度が高くなります。

映る画面の明るさや鮮明さにおいても、パソコン内蔵のカメラでは、Ｗｅｂ会議で画面上に数人が並んだとき、明らかに見劣りします。

きちんと身だしなみを整えたにもかかわらずカメラのせいで見劣りするのは、もったいないですよね。

外付けのカメラを使うことで好感度が上がるのであれば、別途用意したいもの。最近ではユーチューバーが増加している影響もあり、手軽に使えるＷｅｂカメラが豊富になりました。


では、どんなカメラを使ったらいいでしょうか？

値段もスペックもさまざまなので、どれにするべきか迷ってしまいます。

選ぶポイントは次の3つです。

①設置環境
②画素数・フレームレート
③画角

1つずつ見ていきましょう。

## ▼①設置環境

テレワーク用のスタンダードなＵＳＢ接続のＷｅｂカメラには、パソコン上部に挟んだりかぶせたりして使用するものと、そのまま卓上に置くことができる自立式のものがあります。

自宅で、パソコンに向かって使用する場合は、自立式よりも取り付け式が便利です。デスク上にカメラを置くスペースを作る必要もありません。

値段も、数千円から1万円程度です。

一方、自立式は数万円から10万円を超えるものまであります。

一般的には、取り付け式より自立式のカメラが高機能です。取り付け式のものでも、カメラ用スタンドを使うことによって、ケーブルの届く範囲であればパソコンとは別の位置に設置することも可能です。

また、**カメラは目線がほぼ正面にくる位置に取り付ける**ことをおすすめします。カメラが上にあり、見上げるような姿勢では、話しづらいのは言うまでもありません。一方、下からあなたを映すような位置にあってもNGです。実物よりも顔が大きく見えてしまうばかりか、画面越しの相手からは、見下されている印象を与えてしまいます。

左右どちらかの角度から狙ったものも、おすすめしません。角度があっても、顔がカメラを向いているならなんとかなりますが、体の向きがカメラと違う方向を向く姿勢では、話を聞いていないように受け取られます。

いちばんいいのは、目線がほぼ正面に来る位置にカメラを取り付けることです。ディスプレイに映る自分自身を見るのではなく、極力、カメラのレンズ周辺を見つめるように会話をしてください。

リアルで話をするときと同じように「しっかりとこちらを見て話を聞いてくれる人」

という印象を与えることは、信頼感につながります。

1人で使うのではなく、会議室などにソーシャルディスタンスを保った状態でリアルに集合し、数人を同時に映したり、発言者をカメラが追ってその人を映したりする必要がある場合は、取り付け式よりも、高機能な自立式のものを選んだほうがいいでしょう。

### ▼②画素数・フレームレート

デジカメを使ったことがある人なら「画素数」は、よく耳にする言葉です。

デジタル映像や画像は、小さな点で構成されています。非常に繊細で緻密なモザイクによって成り立っているイメージです。

乱暴な言い方をすれば、モザイクがどのくらい細かい点で構成されているかを数字で表したのが、画素数です。画素数の数字が大きいほど映像や画像が緻密であることになり、全体として画がきれいに表示されます。

ただ、解像度の数字が大きくなればなるほど、データ量も膨大になるため、回線に負担がかかります。

**繊細できれいに撮影しても、相手の通信環境や再生環境に適していなければ、きれいな映像や画像を見てもらうことはできません。**

画素数が高ければきれいに表示されるのは間違いありません。しかし、Ｗｅｂ会議用のカメラは、画素数と回線負担との兼ね合いになります。

もう１つの「フレームレート」という言葉は、なじみがないかもしれません。

動画はパラパラ漫画と同じ仕組みで動いています。時間の経過とともに少しずつ変わる画像が何枚も連なって、動きを表現しているのです。動きを表現する１枚の画像を「フレーム」と呼んでいます。

「フレームレート」とは、映像の動きの滑らかさを表すもので、１秒間にどれだけのフレームを表示できるかを表すものです。フレーム数が少なければ動画はカクカクした動きになり、多ければ、滑らかに動く動画になります。

ただ、画素数と同様に、フレームレートが高ければデータ量が膨大になってしまいます。

そのため、素材としてフレームレートが高くても（カメラで撮影した時点では極めて滑らかな映像でも）、ネット回線や、相手の通信環境によって素材の滑らかさが発揮できないことがあります。

フレームレートも高ければ高いほどいい、というわけではありません。

## ▼③画角

「画角」とはカメラで映される範囲のことです。広角レンズを搭載したカメラは、その名の通り、カメラに映る範囲が広くなります。

自宅で、1人でパソコンに向かって使用する場合は、画角が60度前後で問題ありません。もし会議室などで、複数人で使用する必要があったり、1人で使用する場合でも顔だけでなく背景や室内のほかのものを映す必要があったりする場合は、画角が100度を超えるものを選んだほうがいいでしょう。

カメラを選ぶには、この3点をチェックすれば問題ありません。金額で選ばない。

個人的な経験からですが、**金額とスペックとはそれほど相関関係がありません**。

必要な機能さえそろっていれば問題なく使えます。

あえてつけ加えるなら、マイク付きを選ぶ必要はありません。カメラに内蔵されたマイクが、第2章で推薦したマイクより音質がよかった試しがありません。

理由は、室内の余計な音を拾ってしまうからです。

ワンランク値段の高いマイク内蔵Ｗｅｂカメラを買うよりは、マイク機能はないけれどそのほかの機能が十分に満たされたカメラと、第2章でご紹介したマイクの中から選んだ組み合わせのほうが、画面の向こうの相手にとってストレスがありません。

ほかに、スマートフォンやｉＰａｄなどのタブレットを外付けカメラとして使用することもできます。

パソコンと接続するための専用アプリをダウンロードして、指示に従って接続します。スマートフォンのカメラ性能は近年どんどん高くなっています。スペックの低い外付けカメラを購入するよりははるかに効果的ですし、手軽に使いやすい利点もあります。ただし、通話中にメッセージやＳＮＳなどのさまざまな通知が届くと厄介です。スマートフォンやタブレットを外付けカメラとして使用する場合は、あらかじめ通知や音声をオフにしておくなど、設定に注意する必要があります。

POINT

❶パソコンの内蔵カメラもそれほど性能がよくない。製品によっては顔が画面の3分の2以上を占めることがあったり、画面の明るさや鮮明さにおいてもよくないので、外付けのカメラを使ったほうがよい。見た目がよいほうがWeb会議の際に好印象。

❷外付けカメラは、取り付け式でも自立式のどちらでもかまわないが、目線がほぼ正面にくる位置に設置しよう。カメラを見上げるような姿勢では話しづらいし、見下ろすようだと上から目線に感じられてしまう。左右の角度をつけると話を聞いていないように見えてしまう。

❸外付けカメラを選ぶ基準は「設置環境」「画素数・フレームレート」「画角」の3つ。価格はあまり気にする必要はない。また、スマートフォンのカメラを利用するという手もある。

# 03 照明をあなどってはいけない

## ❶ カメラを買うついでにライトも買おう

外付けのWebカメラを使うのであれば、もう1つ用意してほしいものがあります。あなたを照らす、ライトです。

Web会議で、照明まで用意するのはやりすぎだと思いますか？　いえいえ、**外付けカメラを準備すると決めた時点でライトもセットで考えてください**。

ユーチューブにいくつも好例があります。内容が興味深くても、画像が暗くてぼんやり映っている動画では、どことなく質が落ちる気がしませんか？

逆に、画質が鮮やかで見た目や音声にストレスのない動画だと、質が高いように感じてしまうことはないでしょうか。

第2章では、「大事なのは見た目だけではない」とお伝えしたので、矛盾しているように感じるかもしれません。しかし、**同じクオリティなら、画質や音声がよく、視聴にストレスがないほうを選ぶ**のは、自然なことです。

ちなみに、音声については、音質を整えるのは身だしなみの1つです。身なりを正すこと、清潔感のある服装で画面に映ることも、間違いなく身だしなみの1つです。テレワークにおいても重視したいコミュニケーション上のマナーです。

しかし、いかに画面上で見栄えよく映るかについては、マナーというよりは自意識の問題です。画面の向こうにいる相手は、画質が一定以上であれば、それほど気にしないかもしれません。

とはいえWeb会議のように、ほかの大勢と並んだとき、**よい画質でさわやかに登場すれば明らかにほかの出席者との差別化ができます**。

Webカメラを整えて画面上の見た目を向上させることは、マナーというより戦略なのです。

そこまでするのなら、照明にも気を配る。

特に、営業の方、プレゼンをする方、研修をする方などは、よりよい自分を演出できるよう、ライトは必ず用意してください。

## ② Web会議向けにおすすめのライトは？

最もおすすめしたいライトは、LEDのサークルライトです。

サークルライトとは、天井に直接貼り付ける形で設置する照明器具のように、発光部分が円状になっているものです。「女優ライト」ともいわれてます。

普通のデスクライトだと、一方向からしか光があたらないので、顔の片方に影ができてしまいます。Webカメラを中心に据えるような位置でサークルライトを正面に取り付ければ、平面上のあらゆる方向から光があたるので、顔によけいな影ができません。

顔全体が明るく、さわやかな印象を演出できます。

また、円状の発光部分が瞳に映り込むと、目が活き活きと輝いて見えます。アニメやマンガを思い出してみてください。魅力的な登場人物の瞳には必ず光があたっているような描き方がされています。

瞳に光が当たると、目にうるおいがあるように感じられるだけでなく、瞳孔がやや開いているように見えて、目が合ったときに相手に対して好意的な感情を持っているかのような印象を与えることができるからです。

誰しも、自分に対して好意的に接してくれる人に対してマイナスの感情は抱かないものです。

ほんの些細な違いですが、これがあるのとないのとでは、印象が大きく違ってきます。特に、大事な商談の際には、この隠れたライティングテクニックを使ってみてください。

サークルライトのほかに、薄型白色ＬＥＤライトで下から光を当てると、レフ板のような効果になり、顔のシワがかなり消えます。

若々しく見せたい、ほうれい線などのシワが気になるという方は試してみる価値があるでしょう。

## 3 室内の照明にも気をつけよう

Webカメラを使用してビデオ通話する際のライトの選び方をお伝えしました。次にビデオ通話以外の場面での照明についてお話しします。

暗い部屋に、パソコンやスマートフォン、タブレットなどの明かりが光り輝く状態は、目にも精神衛生的にもよろしくありません。

詳しくは、第6章でお伝えしますが、部屋の明るさを工夫することで、作業効率が一気に高まります。

特に、机の上の明るさを調整することで、目の疲れを軽減することにつながります。Webカメラ用のライト購入を検討する際には、あわせて室内全体の照明についても、見直してみるようにしましょう。

POINT

❶外付けカメラを準備すると決めた時点でライトもセットで買うようにする。いくらよいことを発言しても、画面が暗くてぼんやり映っている状態だと、相手に与える印象が下がってしまう。画質が鮮やかであるほうが明らかに有利。

❷おすすめはLEDのサークルライト（女優ライト）。Webカメラを中心に据えるような位置でサークルライトを正面に取り付けることで、平面上のあらゆる方向から光があたるので、顔によけいな影ができず顔全体を明るく見せられる。また、シワやほうれい線も見えづらい。

❸暗い部屋に、パソコンやスマートフォン、タブレットなどの明かりが光り輝く状態は、目にも精神衛生的にもよくない。部屋や机の上の明るさを調整することで、目の疲れを軽減することができるので、作業効率が上がる。

# 04 カメラが映しているのは、あなただけではない

## ❶ いくら自分の見た目に気を配っていても……

服装も髪型も清潔感を意識して、顔に影ができないようにライティングを整えて、画素数やフレームレートも絶妙に調整したWebカメラで、さわやかな表情で映っている。それなのに、**画面越しの相手に残る印象は、あなた自身ではなく、あなたの背後に映った雑然とした室内かもしれません。**

画面全体の3分の1から4分の1程度のサイズで映ると好感度が高くなると述べました。それを守った場合、画面の3分の2から4分の3は、あなた以外のものが映っ

ているのです。

ごちゃごちゃした室内が背景では、相手の注意がそれてしまいます。

プライバシーにかかわるものや、画面越しの相手の競合他社にかかわる情報が映り込んでいる可能性があります。

## ❷ バーチャル背景を利用しよう

背景に気をつかう人が増えてきましたが、使い方を間違えていたら意味がありません。

まず初歩的な注意点をお伝えします。

それは、バーチャル背景を利用する際には、**背景と、服の色が似たような色にならないよう気をつける**ことです。

バーチャル背景は、背景と人物を自動で認識して、背景だけをあらかじめセットしたものと入れ替えて表示してくれる仕組みです。

服装と背景が似た色だと、どこからが背景でどこからが人物なのか、その境界があいまいになります。結果、人物の部分も背景と認識されてバーチャル画像に置き換えられ、体の一部が消えたようになってしまうのです。

これを防ぐためには、背景はできるだけ単色であるように注意して、その色と同じ色合いの服を着ないことです。

とはいっても、バーチャル背景で隠しておきたいような雑然とした室内では、背景を単色、つまり1色だけに制限するのは難しいかもしれません。

そんなときには、撮影用の背景スクリーンを利用しましょう。「クロマキー」と呼ばれるグリーンの背景布です。

テレビ局などで背景を差し替えて合成するときに使っているものと同じ仕組みですが、家電量販店や通販サイトなどで数千円で手に入ります。

これで背景を目隠しして、服は緑系を避け、そのうえでバーチャル背景を利用すれば、完璧です。


背景は画面の3分の2から4分の3を占めます。どのような画像を選ぶかも重要です。

ビジネスシーンにふさわしい画像を使用するのはもちろんですが、相手によって基準が変わることも考えられます。

設定は簡単に変えることができますから、相手によって変えられるように、いくつか画像を準備しておくといいでしょう。自分の好きな画像をバーチャル背景として利用することもできます。あらかじめ設定にアップロードしておきましょう。

静止画だけでなく、動画を背景画としてアップロードできます。最初からセットされている動画背景もあります。しかし、**動画や、高画質で容量の大きい静止画の場合、ネットワークが遅延する**ことも考えられます。

背景にこだわるのもいいですが、ほどほどにしましょう。

## ③ 自分の見え方をチェックしよう

ベストなものをそろえたら、自撮りをしてみましょう。

おすすめしたいのは、ZoomなどのＷｅｂ会議ツールを利用して、映り方を確認する方法です。

Zoomを例に挙げると、「設定」の「ビデオ」または「背景とフィルター」で、カメラの映像を確認できます。

この画像は基本的に、鏡に映ったような状態で左右が反転しています。ですから、鏡を見ているような感覚で、髪や服装が乱れていないか、ライトが正しくあたっているか、バーチャル背景が正しく機能しているかなどを確認することができます。

自分から見ると、左右反転ですが、相手には正常に表示されます。

ですから、確認用のモニターで文字が正しく見えるようにわざわざ反転させる必要はありません。そこで反転して、モニター上は正しく見えるように変えてしまうと、逆に相手には文字が反転した状態で見えてしまうので、気をつけてください。

**POINT**

❶Webカメラを使用する際に、服装と髪型の清潔感を意識して、顔に影ができないようにライティングを整えて、さわやかな表情で映った

としても、背景が雑然していると相手の注意がそちらにそれてしまう恐れがある。映る前に部屋を片づけるなど、自分の背景に気を配る。

❷バーチャル背景を利用する際には、背景と服が似たような色にならないよう気をつける。服装と背景が似たような色だと、どこからが背景でどこからが人物なのか、Ｗｅｂ会議システムが判断できず、境界があいまいになってしまう。結果、人物が背景と認識されてバーチャル画像に置き換えられ、人体の一部が消えたように見えてしまうことがある。

❸バーチャル背景の設定は簡単に変えられるので、相手によって変えられるように、あらかじめ複数の画像を準備しておいてもよい。また、自分の好きな画像をバーチャル背景として利用することもできるが、あくまでビジネスシーンにふさわしいものにする。

# 間延びしがちな オンライン会議を 効率化するテクニック

# 01 Ｗｅｂ会議、新システムの基本的な利用法

このコーナーでは、テレワークでは欠かせないＷｅｂ会議ツールについて、代表的なものを３つ取り上げて説明します。

## ❶ Zoom（ズーム）

コロナ禍においてテレワークが推奨されて以降、最も知名度が高いＷｅｂ会議システムがZoomです。

のちほどご紹介しますが、Ｗｅｂ会議ツールはZoomだけではありません。しかし

ながらビジネスの場面以外でも、「Zoom飲み」「Zoomオフ会」などという言葉が一般に使われるほど、リモートコミュニケーションの代名詞のように、この名称は定着しました。余談ですが、「Zoom飲み」は自宅で行なわれることが多いため、時間を忘れて飲みつづけることで二日酔いで朝を迎えることが多々あります。また、よほど気心が知れている方ではないと、食べ物が食べづらく、そのためアルコールを飲みすぎ、こちらも二日酔いの原因となります。

Zoomは、パソコンやスマートフォンなどを利用して、複数人で映像や音声のやりとりができます。

アカウントの種別により、100～1000名までと参加可能人数に制限があります。ただし、有料では、参加人数を追加することも可能です。

Web会議システムでは会議の主催者を「ホスト」と呼びます。Web会議の開催と参加者を招待する役割があります。

参加者のことを「ゲスト」といいます。これは、ほかのシステムでも同様です。

## ▼Zoomのメリット

### 1 PCやスマホの操作に不慣れな人でも簡単に参加できる

パソコンを利用してのアクセスであれば、ホスト（会議の主催者）がアカウントを持っていれば、送られて来たURLをクリックするだけで参加できます。スマートフォンやタブレット端末から利用する場合は、あらかじめアプリをダウンロードしておく必要があります。

いずれの場合でも、基本的にワンクリックするだけで参加が可能です。**パソコンや各種デバイスに苦手意識のある方でも、アプリのダウンロードさえできれば、簡単に参加できます**。そのため、爆発的に利用者数が増えました。

### 2 通信が安定している

有線接続か、無線接続かにもよりますが、通信は比較的安定しています。画面が固まったり、音声が途切れたりすることが少ないため、会議や打ち合わせをスムーズに行なうことができます。

### 3　多機能で、会議が単調にならない

発表者の画面を共有した状態でプレゼンテーションができたり、リアクションのためのアイコンが工夫されていたりするほか、背景を好きな画像に変えられる「バーチャル背景」や、画面のフチ取りを楽しめる「ビデオフィルター」や、スッピンでもまるでメイクをしているかのような効果をもたらす「スタジオエフェクト」など、利用者が楽しめるさまざまな機能を搭載しています。

特に「バーチャル背景」は、参加者がいる部屋の様子が映らないようにしてプライバシーを守れるなど、テレワークにおいても欠かせない機能の1つです。遠隔でのコミュニケーションをいろどる楽しい機能も満載です。しかし、**ビジネスシーンにふさわしい背景かどうかを考慮して、選択する必要があります。**

### 4　遠隔で相手のパソコンを操作できる

ホストは、参加者のパソコンをリモートサポートで操作できます。デスクトップを制御して、相手の端末のほとんどを操作することができる機能のほか、起動中のアプリケーションに限定して操作する機能もあります。

もちろん操作される側の許諾が必要ですが、この機能のおかげで、年配者の管理職などのパソコンに詳しくない方でも、遠隔サポートを受けることができ、スムーズに会議を進めることができます。

## 5 グループ分けして、ブレイクアウトができる

大人数で参加している会議でも、会議の途中で小グループに分かれて話し合いを行なうことができます。「ブレイクアウトセッション」または「ブレイクアウトルーム」という機能です。

たとえば、「それでは2時30分まで、グループで討論してください」「3人でチームを組んで10分間、検討してください」というように、Zoomに入りながら、各々がグループに分かれてディスカッションすることが可能です。

グループ分けは、ホストが割り振ることもできますし、参加者が自分でグループを選ぶことも可能です。

## ❷ Google Meet

「Google Meet（グーグル・ミート）」は、Googleが提供するＷｅｂ会議システムです。基本的な機能は、Zoomと同じです。無料プランでも同時に１００人まで接続ができます。有料プランの場合はさらに人数を増やすことも可能です。

Google Meetでの会議に参加するにはGoogleアカウントが必要になりますが、アカウントさえあれば、ボタン１つで通話が可能です。Googleアカウントの取得は無料なので、個人アカウントを持っている人は多いでしょう。

もしアカウントを持っていない人が多い場合は、組織で一括して有料アカウントを取得してGoogleのさまざまなアプリケーションを利用することも可能です。その場合、すでにアカウントを持っている人は組織で指定したアカウントに切り替えて使用する必要がありますが、**セキュリティを高められるうえに独自ドメインを使用できる**メリットもあります。

## ▼Google Meetのメリット

### 1　カレンダーを共有できる

Googleカレンダーとの連携ができるので、社内カレンダーを共有している会社は、ますます円滑にスケジュールを共有することができます。

### 2　セキュリティが強力

Zoomは使い方や設定の仕方を間違えると、部外者に侵入されてしまう可能性があります（ただし、パスワードや待機室の設定でセキュリティを強化できます）。

一方、Google Meetの場合、すべての参加者がGoogleアカウントを持っている必要があるため、部外者が入って来る心配はありません。そのため社外秘にしたい重要な会議を行なう際には、このセキュリティの強さが生きてきます。

なお、Google Meetは頻繁（ひんぱん）にバージョンアップが行なわれて新機能が追加されており、ブレイクアウトセッションや背景の変更、挙手、字幕、ホワイトボードの使用など、Zoomと遜色ない機能が次々と組み込まれています。

## ❸ Microsoft Teams（マイクロソフト・チームズ）

「Microsoft Teams」は、チャットや音声通話、ビデオ通話などができるマイクロソフトのコラボレーションアプリです。

ワードやエクセルなどと同様に、「Microsoft365」というマイクロソフトのビジネス用アプリケーションセットに組み込まれていることからもわかるように、Officeアプリとの連携がスムーズなことが大きな特徴です。

### ▼Microsoft Teamsのメリット

#### 1　大人数に対応、Officeアプリとの連携もスムーズ

Zoomのようなビデオ通話を使用した**Ｗｅｂ会議機能では、３００名まで同時接続**

**が可能なうえ、組織内でのみ公開されるライブイベントでは同時に1万人まで参加できます。**バーチャル背景やブレイクアウトルーム、マイクのノイズ抑制など、Zoomと同様の機能も随時アップデートされています。

Officeアプリとの連携が容易なため、ファイルやスケジュールの管理にも便利です。

## 2 リアルタイムに議事録を作成

作業効率アップの視点からの最大のメリットは、**会議の内容を音声からリアルタイムに文字起こしする機能がついている**ことです。誰かが速記したものをワードで文書にしたり、ICレコーダーなどで音声を録音してから文字起こしをするなどといった作業が不要です。会議終了後、議事録をワード形式のファイルで保存できます。

Zoom、Google Meet、Microsoft Teamsは、いずれも似たように見えて、リアルタイムでのWeb会議・ビデオ通話以外の機能ではそれぞれに個性があります。

会社の実情と、相性を比較したうえで、どのシステムを取り入れるかを考える必要があります。また、各ツールともテレワークによる需要増から、頻繁に機能のアップデートが行なわれているので、こまめにチェックするといいでしょう。

❶Zoomは最も知名度が高いWeb会議システム。パソコンや各種デバイスに苦手意識のある人でも、アプリのダウンロードさえできれば、簡単に参加できる。通信状態も比較的安定している。

❷Google Meetでの会議に参加するには、各人がGoogleアカウントを持っていることが必須になるが、セキュリティを高められるうえに独自ドメインを使用できるというメリットがある。

❸Microsoft TeamsはOfficeアプリとの連携が容易なため、ファイルやスケジュールの管理にも便利。また、会議の内容を音声からリアルタイムに文字起こしする機能がついており、それをワード形式で保存できるため、終了後すぐに議事録ができる。

# 02

# リアル会議は遅くても10分前の入室が理想、ではWeb会議では何分前？

## ① 社外での会議は1時間前に到着しよう

リアルで会議を行なう場所は大きく分けると「社内」と「社外」の2種類があります。特に社外の場合は、ホテルやセミナールームを借りたり、先方（取引先）の会社で行なっていました。

会議はそもそも遅刻厳禁ですが、社外で行なう会議で遅刻する理由の大半は、交通機関の遅れです。それでも定刻に間に合ったら、時間管理がきちんとした「仕事ができる人」だと評価が上がります。ダイヤの乱れをチャンスに変えるのです。

そのためにも、**「そもそも交通機関は遅れるもの」という認識で、1時間前には会場に到着するように段取りを組んでおくのです。**

「そんなに早く着いては空いた時間がもったいないのでは？」と思われるかもしれません。しかし、実はその待ち時間こそが、ビジネスパーソンにとってのゴールデンタイムなのです。

早い準備は、「遅刻をしない」という安心感ばかりでなく、さまざまな効果をもたらします。

おすすめしたいのは「読書の時間」にすること。1時間という制限が、自宅で読書をするよりも集中して本を読むことができます。

もちろん企画書を作成してもいいですし、今後の目標を立てる時間にしてもかまいません。有意義な時間になるなら何をしても問題ありません。

## ② スマホに時間を奪われないように注意！

ただし「スマートフォンを見る」場合は、注意が必要です。

喫茶店に入ったら、まずは連絡が来ていないかの確認のために一度、スマホを開きます。緊急の連絡事項があれば、すぐに返信や処理をする。大事なのはそのあとです。**緊急性のない連絡はあと回しにして、その後30分経過するまではスマホを見ない。**

つい気になって数分ごとにスマホを開いてしまいたくなります。すると、やるべきことに集中できません。その間は、「やると決めたこと」に集中するのです。

会社にいると、ほかの仕事が入ったり、上司からの指示、部下からの相談、電話応対、飛び込み営業など、さまざまなじゃまが入り、まとまった時間をとって集中することができません。しかし、この1時間はスマホさえ見なければ何もない空間です。期限を意図的に設けて、物事に集中できる最高の時間です。

1時間は無理という方でも、30分程度の余裕を心がけて、遅刻しないよう交通手段の段取りを行ないましょう。

## ❸ スマホに頼り切ると危険！

スマホは万能です。万能なだけに、思わぬ落とし穴があります。

たとえば、次のようなことは、誰にでも思い当たる経験があるのではないでしょうか。

セミナーに参加するとき。セミナー会場に向かっている途中で、スマホの電源が落ちました。充電していたはずなのに、思わぬ故障です。スマホのアプリでしか場所を確認できない、会場の地図も住所もスマホに入っています。

解決手段を頭の中で考えても、

「そうだ！　主催者に電話をしよう！　あっ！　電話ができないんだった！」

「そうだ！　フェイスブックから連絡を取ろう！　あっ！　スマホが壊れていてSN

Sは見られないんだった！」

「公衆電話を探して電話しよう！　あっ！　スマホに連絡先が入っていて電話番号が確認できないんだった！」

と完全に手詰まりです。

スマホに頼り切っているため、どんな連絡手段も取れません。

まったくもって無理！

想像するだけでもゾッとしますが、現実に起きてもおかしくない話ですよね。

慎重な人なら、会場までの地図をパソコンで確認し、プリントアウトした紙も持参する。スマホだけを頼りにして万一故障することを考えたら、紙の地図を用意しておくことは、心の安定剤、安心材料になります。

## ④ Web会議は10分前に入室しておく

ここまではリアルでの会議の話。Ｗｅｂ会議の場合はどうでしょうか。

社内で行なう準備のように10分前に入ると決めて用意をします。パソコンの電源を入れ、10分前に入室したものの……、主催者がまだ会議室をオープンしていない！

これは本当によくあるケースです。

Ｗｅｂ会議には何分前に入室するのがベストなのでしょうか？

それは、誰との会議なのか、何を目的としたミーティングなのか、どの会議ツールを使うのか、ホスト（主催者）なのかゲスト（招かれた側）なのか、それによって異なります。

**顧客であれば、ホストでもゲストでも、10分前にはアクセスして、ビデオ停止、ミュートにして待機しておきましょう。**始めるまではほかの仕事をしていてもかまいませんが、相手の準備が整えば、すぐに話せる必要があります。

上司とのミーティングでも同様です。「相手を待たせないこと」が基本のマナーだと心得ておきましょう。

余談ですが、Ｗｅｂ会議での画面上の上座下座について語られることがあります。冗談で話しているのかと思ったら、案外、本気で語っている人もいるようです。ついにはZoomの新機能として、上座を設定できる「カスタムギャラリービュー」が追加されました。実にナンセンスですが、相手が目上で、上座下座を気にする価値観を持っているということであれば、その価値観に合わせるのもマナーの1つといえるかもしれません。しかし、一般的には、画面上の並びについては特に気にする必要はありません。

**上座・下座を気にするよりも「目上の相手を待たせないこと」で、敬意を表現してください。**

自分がホストなら、遅刻厳禁。重要な会議であればあるほど早めの会議室オープンを心がけておきたいものです。最低でも10分前には、「今、この瞬間から会議を行なっても大丈夫」という状態にしておくことが必要です。

ゲストとして参加する場合や、同僚との軽い打ち合わせ程度のミーティングなら、開催予定時間ちょうどから始められるように入室すれば問題ありません。ただし、リアルでの交通機関の遅延と同様に、接続不良があったり、ＰＣなどのデバイスの不調も考えられます。開催予定時間ちょうどからミーティングを始められるという言葉の中には、あらゆるアクシデントを予測して、準備を整えたうえで席につくという意味が含まれています。

POINT

❶相手先に訪問する場合は、「そもそも交通機関は遅れるもの」という認識で、1時間前には会場に到着するようにしておく。待ち時間は、読書や仕事などにあてる。集中して取り組めるので普段よりもはかどる。

❷スマホだけを頼りにしていると、万一故障したときにかなりあわてるうえ、業務に支障をきたす。外出するときは紙の地図も用意しておくなどの備えをしておく。

❸取引先や上司とのWeb会議で自分がホストになった場合は、10分前には入室しておく。「相手を待たせないこと」が基本。

# 03 ホストはホストクラブの気づかいを！

会議の主催者であるホストは、参加者に対してさまざまな気づかいが必要となります。ここでは、主な5つを紹介します。

## ① 会議の日程を参加者の無理のないように決める

参加者はそれぞれに都合があります。全員が簡単に顔を合わせられるなら、再調整も容易ですが、テレワークではそうはいきません。

たとえば、

・午前中は外回りで営業をしている
・ほかの会議との間隔が10分しかない
・前回の会議から2日しか経っていないので、企画が固まっていない

など、参加者それぞれが事情を抱えていることがあります。

会議を開催するにあたっては、参加者のスケジュールを把握し、無理なく出席できる日程を決める必要があります。

## 2 参加者にリマインドメールで日程を伝える

リマインド（remind）の「re」は「再び」を意味します。余暇・休養という意味の「レクリエーション」の語源は、「re-creation」。「re」は「再び」、「creation」は「創造」、つまり「再創造」を意味します。余暇や休養は、仕事による疲労を精神的・肉体的に回復することが目的であり、再び活発に仕事を行なうためのものなのです。

リマインドも同じです。日本語に訳すと、再び「思い出させる、思い起こさせる、気づかせる」、つまり再確認です。リマインドメールを送ることで、先方に会議があることを再び思い出してもらいます。

リマインドメールは原則、会議を開催する日の前日に送ります。ただし、重要性、緊急性、準備の状況に応じて7日～2日前に送る場合もあります。準備に時間がかかるものや、重要な企画書の締め切りなどは、「まだ間に合うタイミング」で送るのが親切です。

ただし、**リマインドメールを送るときには、「リマインド」と明記するのは、やめておきましょう。**

年齢を重ねると気になるのは記憶力の衰えです。「記憶力が低下した」と自覚するのはいいのですが、「他人から指摘されるのは面白くない」と感じる人もいるかもしれません。

メールの返事をうながすために、以前送ったものと同じ内容のメールを再送することもあるかもしれません。そんなときは、相手を気づかう言葉を入れましょう。「ご対応済みでしたら、失礼いたします」「何度もお送りし、恐縮です」というようなクッション言葉を入れておくだけで、受け取り手の印象はよくなります。

## ③ オンライン上の「参加者の名前」を必要に応じて変更する

Zoomなどのｗｅｂ会議ツールでは、ホストが参加者の名前を変更できる機能があります。参加者の中には、プライベートでｗｅｂ会議ツールを使用する際の名前のままとなっている人もいるかもしれません。ビジネスの場面にふさわしくないばかりでなく、ほかの参加者から誰が参加しているのか不明になってしまいます。正しく名前が表記されていない場合は、ホストが正しい表記に変更しておきましょう。

また、**会議で名前を表記する際は「役職＋名前」で表記することが望ましいでしょう。**

社内会議ならまだしも、社外の方が参加する場合もあります。「あの方、以前、名刺交換したけど、なんという名前だったかな？　役職は何だったかな？」と気になることがあります。役職をド忘れしている場合もあります。昇進や定年、人事異動で役職が変わっている可能性もあります。社内会議／社外会議にかかわらず、表示する名前は「役職＋名前」に統一すると見やすく、また安心できます。

## 4 冒頭の緊張感をやわらげる

テレワークが導入され、Ｗｅｂ会議をかなりの回数を経験した人も多いでしょう。とはいうものの、どれだけ数を重ねても、会議冒頭の緊張感が拭えないという人もいます。最高のパフォーマンスを発揮してもらうためにも参加者の緊張をやわらげる必要があります。

Ｗｅｂ会議では、リアルな会議と違い、雑談などのアイスブレイクを行なわず、すぐに議題に入るケースが多いものです。それがさらに緊張感を高める原因になっているかもしれません。

リアルな会議では顔が見えたりまわりを見渡せたりするので、発言者以外の参加者同士がアイコンタクトを交わすこともできます。それだけでもなんだか、ホッとするものです。

お客さまなど社外の方が参加する場合、初対面の際は会議の前に名刺交換を行なうのが恒例です。また、会議が始まるまでに余裕がある場合は、ちょっとした雑談を交わすこともできます。効率重視で考えると特に意味のあることには感じられませんが、実はそのちょっとした行動が、緊張感をやわらげ、会議の進行をスムーズにしているのです。

そこで、**ホストは会議をスタートする際に、参加者を簡単に紹介してから始めてみてください**。

人数の多い会議では難しいかもしれませんが、参加者が一桁であれば、軽く自己紹介をするだけで場の雰囲気がなごみます。参加者が名前や役職を名乗ることで、誰が参加しているかを周知できます。一度全員に声を出してもらうことで、全員のマイクが有効かの確認もできます。

時間がない場合は主催者が参加者を紹介し、参加者は「〇〇です。よろしくお願いいたします」とだけ言うのでもいいでしょう。一度声を出せば、そのあとの発言もスムーズにできるようになります。自己紹介にダラダラと時間をかける人もいるので、「1人〇秒で」と制限時間を決めて行ないましょう。

## 5 録画する場合は事前に許可を取る

Ｗｅｂ会議ツールの利点に、レコーディング機能があります。会議中に速記を取らなくても、動画または音声ファイルで会議をそのまま保存しておくことができるので、事後に議事録を作成するうえでも大変便利です。

ただし、録画にあたっては、あらかじめ参加者全員の許諾をもらいましょう。特に社外の方が参加する場合は、プライバシーの問題もあるため録画の許可を事前に取っておくことが必要です。承諾書が必要な場合、事前に用意する必要もあるので、トラブルを防ぐためにも忘れずに行なっておきましょう。

「単に会議のセッティングをするだけだと思ったら、ホストになるとそんなに気をつかわなきゃいけないの?」と思うかもしれません。しかし、この気づかいこそが、仕事がデキる人だと思われるコツ。

ホストクラブの気づかいをして、あなたの評価を高めましょう。

**POINT**

Webの会議のホストは気づかいがすべて!

❶会議の日程を参加者の無理のないように決める。

❷参加者にリマインドメールで日程を伝える。

❸オンライン上の「参加者の名前」を必要に応じて変更する。

❹冒頭の緊張感をやわらげるために、参加者に呼びかける。

❺録画する場合は事前に許可を取る。

# 04 そんなに会議を開く必要がないことに気づくWeb会議！

## ①「アリバイ作り」のための会議にサヨナラ！

そもそも、会議に参加するのはどういう人たちでしょうか？

リアル会議の場合は、あらかじめ参加者が指定されている場合もあれば、人数だけが指定されていて、誰が出席するのかの人選は各部署にまかされる場合もあります。

とりわけ後者の場合、「なぜ、その人数が必要なのか？」を再確認したことがあるでしょうか？

まるでルーティンのように開催されていた会議のうち、何割かは、「何かを決める必要があるからの会議」ではなく「集まることに意味のある会議」だったかもしれません。人数をムダに集め、毎日のように行なわれる会議。参加しただけ、アリバイ作りのための会議もあるのではないでしょうか。

アリバイ作り会議とは、「お前もあの場にいたよな」という逆の意味でのアリバイです。その決定がのちに失敗に終わっても、参加者全員が失敗の首謀者となります。言ってみれば連帯責任。むしろ、連帯責任を多くのメンバーに負わせるための会議といえるかもしれません。結果的には誰も責任を取らない、そんなアリバイ作りのための会議のことです。

テレワークでの会議では、そういうムダを引き継ぐ必要はありません。

仕事は人と人とが顔を突き合わせて行なうことが基本という考えは根強いものですが、テレワークではそもそも機会を作らないと顔を突き合わせることができません。コミュニケーションが大事なのはテレワークでも変わりません。しかし、「顔を突き合わせる」ことが目的となってしまった会議のあり方を見直すよい機会と捉え、限られた人数で会議を実施する。そんな判断ができるのです。

仮に、時給３０００円の社員が10人集まり、３時間の会議を行なえば９万円のコストがかかります。５人で行なえば４万５０００円。半分の金額が浮くだけではありません。会議に出なかった５人は、合わせて15時間分の仕事をすることができます。

**必要な伝達事項は、テキスト化した議事録やレコーディングした動画をファイル化して事後に共有すればいいだけの話です。**

## ② Web会議で、ムダな世間話にサヨナラ!

リアルな会議では、ムダ話が多いもの。貸し会議室を借りて行なえば終了時刻が決まっているかもしれませんが、社内の会議室で行なう場合、終了予定時刻はあってないようなもの。天気やゴルフやオリンピックの話で盛り上がる。話が脱線して本題が決められない。特に役職者にその傾向があります。

役職者が話を脱線させると大変です。話を止めることはできないし、主催者は顔色をうかがうというムダな気づかいをしなければなりません。参加者もムダな時間だとわかっていても仕方なく話を聞きます。ましてリアルな会議では、顔を見渡せるので、忖度（そんたく）してうなずいたり、相づちを打ったりという空気も生じます。

その点、Ｗｅｂ会議はビデオ通話で顔が見えるとはいえ、コミュニケーションの主な手段は音声です。パソコン上の小さな画面では全体を見渡すこともできません。相手の表情を読み取りづらいし、読まれづらい。また、発言者以外は通常ミュート（マイクをオフにして音を消す）になっているため、よけいな世間話のためにマイクをオンにして発言をする人も、少なくなります。

結果、ムダな話が劇的に減ります。自分がアップになり、一斉に参加者が聞いている中で議題と関係ない話を延々と続けたら、「できないヤツ」と思われます。

ムダ話がないため、会議はどんどん進行していきます。また、Ｗｅｂ会議だと、終了時刻がより厳密に決まっているため、ムダな言葉自体、減っていきます。

**誤解していただきたくないのは、会議そのものがムダという話ではないということ。**

**意見交換や議論や意思統一の場である会議は、組織やチームで仕事を進めていくうえ**

**で欠かせないものです**。会議がムダなのではなく、会議のあり方にムダが多いのです。

リアルからWebでの会議に変えたのを機に、会議のムダを減らして仕事の効率を高めるように意識しましょう。

POINT

❶Web会議に参加する人数は必要最小限に抑える。参加者以外の人たちには、会議が終了してから、必要な伝達事項をテキスト化した議事録やレコーディングした動画をファイル化して共有すればよい。

❷Web会議ではムダな話が劇的に減る。自分が発言する際に、議題と関係ない話を延々と続けると「できないヤツ」と思われてしまう。

❸意見交換や議論や意思統一の場である会議は、組織やチームで仕事を進めていくうえで欠かせない。ただし、ムダは極力排除して仕事の効率化に努める。

# 05 これを注意するだけで好印象！会話編と背景編

ホストとして会議を主催するばかりでなく、ゲストとして参加する場合でも、ビジネスパーソンとして印象を高めることは可能です。「会話編」と「背景編」。この2つのポイントに絞って説明していきましょう。

## 1 会話編

会議を円滑に進めるためには、前節でふれたようにムダ話は排除する必要があります。その一方で、発言を求められたときには「しっかり話そう！」が1つのテーマになります。

言葉をハッキリと伝えるためには、何よりも環境設定が必要です。パソコンに内蔵されたマイクでは、マイク位置から離れると声がくぐもって聞き取りにくくなります。この状態では、いくら話し方に気をつけても、画面越しの相手に言葉がはっきりと届きません。「Ｗｅｂ会議のためだけに出費するのは……」と思わず、外付けのマイクを使いましょう。

何も、据え付けの立派なものでなくてもかまいません。ヘッドセット（マイク付きのイヤフォン）でも、マイク位置を口元の近くに持ってくるだけでも音質がずいぶんと違ってきます。

また、マイクに息がかかったり、不用意に手などがあたってガサガサという雑音を発しないよう注意が必要です。

声が聞こえないことには、あなたの主張は相手に届きません。まずは、声をしっかり届ける環境を整えることが好感度を上げる第一歩です。

「しっかり話す」ために、話し方を変えようと考える人もいるかもしれません。話すスピードは速いほうがいいのか、遅くしたほうがいいのか。声のトーンは高めがいいのか、低めがいいのか……。

残念なことに、これらの最適解はまだ見つかっていないようです。コミュニケーションの専門家がそれぞれ研究を進めていますが、直接会って話すリアルなコミュニケーションや電話での音声コミュニケーションと違って、「これが正解！」という統一された答えがまだありません。

声の大きさについては、小さくボソボソ話すよりは大きな声でハッキリ話したほうがいいでしょう。とはいえ、マイクの設定機能があります。マイクが正しく設定されているなら、むやみに大声を出すと、特にヘッドフォンをしている相手にはかえってうるさく感じられてしまうかもしれません。どの程度の大きさが最適なのかは、話しながら見つけていくのが最良な方法です。

話す速さや声のトーンについては、Ｗｅｂ会議を実際に行ないながら、ご自身で探っていくのが今のところいちばんの方法といえそうです。

## ▼語尾をハッキリさせて、発言の終わりは「以上です」で締める

では印象をよくするための話し方はないのかというと、そんなことはありません。ちょっと気をつけるだけで、ガラッと印象が変わることがあります。

**語尾をハッキリさせることです**。

「です」なのか、「ではない」なのか、ハッキリと意思を伝えるだけで、印象はグッと変わります。

「肯定」か「否定」か、リアルな会議の場であれば、雰囲気や表情で読み取れます。万が一、わからなくても聞き返すことができます。

しかしWeb会議では、前節でもお伝えしたように場の雰囲気や表情がわかりづらいうえに、聞き返すこともなんとなくはばかられます。

もちろん聞き返してはいけないという意味ではありません。確認のために聞き返してもかまわないのですが、ミュート解除をしている間に話が先に進んでしまい、「と

てもではないが割り込む雰囲気ではない」ということもよくあります。Ｗｅｂ会議では、人数が多ければ多いほど聞き返すことが難しくなるのです。

だからこそ、発言する際には、語尾をハッキリさせましょう。**発言の終わりに「以上です」と付け加えて、自分の発言が終わったことをハッキリと参加者に知らせることも大切です。**

話し終えたのか不明瞭だと、次の発言者も話を始めづらいし、司会進行役も次の議題に進めていいのか判断に迷います。発言者が話し終わったと思って話しはじめたら、まだ終わっておらず、そのたびに譲り合いが起きたり、逆に議論が白熱し話の奪い合いになったりという事態が起きてしまいます。

発言が終われば「以上です」というルールにすることで、司会進行もスムーズに話の切り替えをすることができます。語尾に気をつけるだけで、あなたの好感度は高まりますし、会議のムダを省くことにもつながります。

## ② 背景編

この章でご紹介しているＷｅｂ会議ツールには「バーチャル背景」の機能があります。ビデオ通話のカメラ越しに室内が映し出されることに抵抗がある人は、バーチャル背景を使って隠しましょう。

無防備に室内を映してしまうと、あなたの生活環境や個人情報をさらけ出してしまうことにもなりかねません。

### ▼背景画像やプロフィール写真はビジネスの場にふさわしいものを

一般的には、あなたの顔や体よりも背景のほうが大きくなります。相手から見てまず目に入るのは、背景です。そのため、どんな背景を選ぶかも、あなたの好感度を左右する要素になります。

背景画像はあらかじめいくつか用意されています。その中からオフィス仕様のものを選ぶのが無難です。自分で気に入った画像を設定することもできます。ただし、壮大な宇宙をイメージした画像や、リゾート地などの画像、アニメやキャラクターの画像などは、ビジネスの場としてはふさわしくありません。

さらに、静止画だけでなく動画を背景に設定することもできます。これも、あらかじめ背景画用にいくつか用意されていますが、自分で好きな動画を取り込むこともできます。しかし、会議中に背景が動くのは、ほかの参加者の注意力を削ぎかねません。

**仕事としてWeb会議ツールを使う場合は、背景はできるだけシンプルで清潔感のあるものにしましょう。**

背景だけでなく、プロフィールの画像にも注意が必要です。参加者の一覧を表示したときばかりでなく、カメラをオフにしたときにも画面表示されるため、ビジネスにふさわしくない画像は、好ましくない面が目立ってしまいます。

社内での会議であれば、所属課ごとにプロフィール画像（アイコン）を決めておくと、どこの課の所属かひと目でわかり便利です。同様に、社外との会議の場合は、社章やトレードマークなどをプロフィール画像にしておくと、どの企業からの参加者であるかがほかの参加者に一目瞭然となります。

同じ課・同じ会社でプロフィール画像を揃えて使用することで、統一感が生まれます。

**POINT**

❶Ｗｅｂ会議での発言は、ほかの参加者にハッキリ聞こえるように話すのがポイント。ＰＣ内蔵のマイクだと音質に不安があるという場合は、外付けのマイクやヘッドセットを使うようにする。

❷発言の終わりに「以上です」と言うことをルールにすることで、司会進行役の人もスムーズに話の切り替えをすることができる。また、会議のムダを省くことにもつながる。

❸背景画像はオフィス仕様のものを選ぶ。動画は、ほかの参加者の注意力を削ぎかねないので、使わない。背景はできるだけシンプルで清潔感のあるものを選ぶのが基本。

# 06

# 段取りの成功は、事前準備で9割決まる

リアル会議でも、Ｗｅｂ会議でも、主催にとって成功は、事前準備で９割決まります。この章の最後に、改めて事前準備の段取りを踏まえて、全体的な流れをお伝えします。

## ❶ 会議前にしっかり準備する

### ▼何月何日何時から?

同じ時間にほかの会議の予定は組まれていませんか？　前後にほかの会議が入って

いませんか？　キーマンになる参加者が同じ時間帯に違う会議に参加の予定があって出席できない場合があります。

参加者の都合への配慮も必要です。たとえば、経理担当者が参加予定なのに月末に会議のスケジュールを組むなど繁忙期との兼ね合いも考えなければなりません。

## ▼参加者は誰にするか？

ムダな人員が参加していないか選定するのも重要な作業です。本来、課長だけが参加すればよい会議なのに、部長も課長も新人も参加していては、ムダに参加した人に対する時間泥棒になります。

## ▼会議の目的は何か？

たとえば、伝達するだけの会議なら必要ありません。

少し大げさな例ですが、いちいち集合して「年末年始のお休み」「忘年会の日程」

などを伝えても、意味がありません。Ｗｅｂ会議なら「そんな伝達はメールでいい」と気づくことができますが、リアルな会議だと気づかずに行なってしまう場合があります。

会議の最後に連絡事項を伝える場合があります。

伝達を会議で行なった場合、「部署に戻って、ほかの社員に伝えておいてください」はトラブルのもとになります。

また、「言った／言ってない」「伝えた／伝えてない」は、たいてい役職の高い人が勝ち、部下が謝罪することになり、その結果部下はストレスを抱えることになります。

**伝達は会議で行なわず、メールで一斉送信する。そうすることで、「言った／言わない」「伝えた／伝えてない」などのトラブルが回避され、伝達内容もメールで記録に残ります。**

または、社内のコミュニケーションツールを使ってファイルを共有することも効果的です。

会議は本来、議題にかかわる人が集まって意見を出し合い、それらを集約させて組織としての意思決定をする場です。テレワークでコミュニケーションが疎遠になりがちなときこそ、目的をきちんと認識した会議を設定する。時間をムダにしないよう、会議の方向性やゴールを定めておく必要があります。そのためにも、事前に会議の議題や議事日程を配布しておくことも心がけましょう。

## ▼早めに招待メールを送る

会議の目的が決まって全員の予定を確認し、開催する日程が決まったら、メールなど、残る形で全員に招待を送ります。その際、どのツールを使用して会議を行なうか明記し、可能であれば当日のURLも記載しておきましょう。

必要事項をまとめると、次のようになります。

❶議題（件名）
❷日程（何月何日何時）
❸参加者
❹当日の開催URL

❺当日の連絡先

事前資料があれば、それも添付しておく。再送しなくて済むように、抜け漏れがないか❶～❺を確認してみてください。

## ▼前日にリマインドメールを送る

会議の日程は、スケジュール帳に書いていても、うっかり忘れてしまう場合もあります。リマインドメールを送ることで、防ぐことができます。

リマインドメールは原則、約束の前日に送ります。

ただし、重要性・緊急性・準備の状況に応じて、7～2日前に一度送っておくと親切です。

**準備に時間がかかるものや、重要な企画書の締め切りなどは、間に合うタイミングで送りましょう。**

## ② 画面共有する資料作成の注意点

Ｗｅｂ会議は、資料を画面共有して提示しながら説明できます。パワーポイントなどをデータ資料として参加者全員の画面に表示することが可能です。

リアル会議のような、紙を配布する資料とは違い、画面上での提示となるので、細かい文字での作成は避ける。

資料は、リアル会議の際にプロジェクターを使ってスクリーンに提示するスライドをイメージしてください。文字はやや大きめに、色数も少なめにしてわかりやすいものにしましょう。

**動画を画面共有することもできますので、あらかじめプレゼンテーション内容を動画にしておくのも１つの方法です。**この方式なら、Ｗｅｂ会議の場では画面共有をしてスタートボタンを押すだけ。時間が伸びたり縮んだりすることもないうえに、事前にナレーションも吹き込んでおけば動画再生中は何も話す必要がありません。Ｗｅｂ

会議の場でリアルタイムにプレゼンテーションすることが「どうしても緊張してしまい、うまくできない」という人は、動画でのプレゼンテーションも検討してみてください。

## ❸ 終了したらWeb会議をさっさと閉じる

会議が終わったあとに、参加者を待たせてダラダラと開いていては、参加者に迷惑であり、時間もムダになります。最終確認や取引先との最後の詰めなどで話し合っている場合はもちろん別ですが、社内ミーティングなどでは、必要な用件が終われば退出をうながし、ホストはＷｅｂ会議を閉じましょう。

会議の終了を宣言し、あいさつを済ませたら退出をうながす。お客さまや目上の人が退出するのを見届け、１分程度で会議室を閉じてしまってけっこうです。

**閉じる際に退出し忘れている人がいることもあるので「それでは失礼いたします」のひと声をかけておけば、ホストが先に退出して会議室を閉じることは、失礼ではありません。**

会議は遅刻をしないよう余裕を持って準備をし、終了後は退出時間を守り、通常業務に戻る。これはリアルの会議でもWebの会議でも同じことです。

❶会議の成否は事前の準備で決まる。「議題（件名）」「日程（何月何日何時）」「参加者」「当日の開催URL」「当日の連絡先」を確認しておく。

❷会議開催の7日〜2日前に、参加者にリマインドメールを送る。参加者が準備に時間がかかりそうだったり、重要な企画書の締め切りなどがある場合は、間に合うタイミングで送るようにする。

❸社内ミーティングの場合は、必要な用件が終わったら退出をうながし、ホストはWeb会議を閉じてしまってOK。会議の終了を宣言し、あいさつを済ませたら、すみやかな退出をうながして会議室を閉じる。

# メール＆チャットは「気づかい」が９割

# 01 社内メールに「お疲れさまです」は必要ない？

## ① 社内向けのメールはルール化してシンプルに

社内メールは、いかに速く処理するかが大きな課題となります。

社内メールの利点を存分に活かしつつ業務をスピードアップさせたいのであれば、社内／部内／課内に分けて「ルール化」する必要があります。

たとえば、「第一営業部　営業部長　佐藤晃」宛てのメールを作成するケースを考えてみましょう。

宛名を書くのに、部署名、役職名、フルネームのうち、どこまでを記載するか。社外宛ての文書やメールであれば、相手の社名に加えて部署名、役職名、フルネームを書くのが礼儀ですが、「社内向けのメールは名字と役職だけを宛名にする」と決めてしまえば、「佐藤部長」で済みます。

「社内の連絡はシンプルでＯＫ」とルール化すれば、失礼なヤツだと思われません。状況に応じて考える時間もムダですし、社員によってバラつきがあると受信した側も見づらくなります。

会社組織に染まっていない新入社員は、このことに気づいているかもしれません。とはいえ、若手にとっては自ら時間効率化の提案はしづらいものです。勇気を出して提案しても、若手からの意見がすんなり受け入れられるほど風通しのよい会社ばかりではないでしょう。

**こうしたルール化は、役職者やリーダーが提案することでスムーズに運びます。**

「まずは自分のチームだけ」といった具合に、無理のない範囲で取り入れる。試すことで、社内でウワサになり、全社に広まるかもしれません。

## ② 社内向けのメールは書式を定型化して時間を節約する

「神は細部に宿る」という言葉があります。

その意味は、「真の芸術とは、大まかなところだけではなく、眼の届きにくい細部までこだわり尽くされており、精緻（せいち）な技術が施されている」といったところです。

絵画や彫刻そして映画や小説など芸術作品に使われる表現です。

ビジネスの現場でも、お客さまに提出する提案書やサービスなど、細部にまでこだわって心づかいをすることの大切さを表現するときに使われます。

お客さまにお渡しする商品は、確かに完璧を目指して作る必要があります。

メールであっても、言葉づかいなどに注意する必要があります。

しかし、相手が社内の人間なら話は別です。社内では、見栄えや体裁に気をつかわず、要件がすぐに伝わることが最優先です。

「役職が上だからもっと丁寧に」「佐藤部長より、部長　佐藤様かな？」などと考えるのは時間のムダ。「後輩だから、お疲れさまより、ご苦労さまかな、いやご苦労さんかな？」なんて考えている間にもう1通別のメールに返信ができてしまいます。「いらぬ気づかい」というムダをなくすことも、テレワーク時代のマナー戦略の1つです。

ほかにも、社内でのメール運用で省けるムダにはこんな例があります。

## 社内メールの文頭にありがちな「お疲れさまです」をやめる

本題と関係のない慣用句は、読み飛ばされます。入力にかかる時間は2秒程度でも、忙しいときはそれすら惜しいものですし、その2秒が100回、1000回、1万回……と積み重なるとけっこうな時間になります。

大口の案件で一刻を争う状況にもかかわらず、敬語に厳しい上司に対する言い回しに苦労し、なかなかメールを書けないうちにライバル会社に先を越されてしまう！

こんなこともあるかもしれません。

ただし、あくまで会社全体で「ルール化」ができてからです。古い考えの人もいます。会社の風習もあります。正しい敬語と時間効率による仕事術とを見定めながら、導入を進めてください。

POINT

❶社内／部内／課内などでメールの書き方をルール化することで、業務をスピードアップさせることができる。

❷業務効率化は、若手だとなかなか提案しづらいので、役職者やリーダーが提案する。また、いきなり全社に広めることが難しければ、「まずは自分のチームだけ」といった具合に、無理のない範囲で取り入れる。

❸社内メールは、「お疲れさまです」を省いたり、厳密な敬語も使わなくてよいことにするなどルール化しておくことで、書くときにいちいち悩むというムダな時間を省く。

# 02

# 緊急、重要に意味を持たせる

## ❶【緊急】【重要】のルールを作る

社外から届くメール、特に迷惑メールやスパムもどきの営業メールに多いのですが、やたらと【緊急】や【重要】をタイトルの前につけたがる会社（人）がいます。

【超重要】や【大切なお知らせ】という冠（かんむり）をつけている件名もあります。

「なんだろう？」と思いつつメールを開くと……

・5割引きの商品についてのお知らせ

・定価80000円のセミナーが今日まで特別価格8000円
・この方法で血圧が120に下がった！

100パーセント、どうでもいい情報！


受信者にではなく、送信者にとって、重要であり、大切なだけです。

ですから、皆さんは、社内でも社外に対しても、【緊急】【重要】の乱用は避けましょう。

たとえば、件名の先頭に【重要】とついたメールを開いたら、1カ月先の忘年会の出欠確認だった……などという経験はないでしょうか。

これではまるで、オオカミ少年です。こんなメールが続いたら、本当に重要で緊急なメールが読まれなくなってしまいます。


そこで、次のようなルールを設定してはどうでしょうか。

・【緊急】は事故や災害があったときのみ
・【重要】は訃報の連絡のみ

このように決まっていれば、件名を見ただけで真っ先に開こうと思えます。

【緊急】や【重要】の場合は、社内一斉に連絡する必要がありますが、メールだと読んだかどうかの確認が取れません。

連絡網を使って電話でつなげていくのも、不在や電話に出ない（出られない）人もいてトラブルになります。

そのため【緊急】や【重要】の案件では、先ほど述べたチャットを使って連絡することをおすすめします。連絡後に既読か未読かがわかりますので、既読にならない社員にだけ電話などで対応すれば、全員に迅速に周知することができます。

## ❷「本文なし」を活用する

私が勤めている会社では、伝えたい用件がとても短い場合、件名に用件を入れてしまってよいと決めています。たとえば、【田中課長送別会3月12日開催場所未定　本文なし】といった感じです。

重要なのは、件名の最後にある「本文なし」のひと言を加えることです。これがあれば、受け取った側が本文のないメールをわざわざ開くという時間のムダが発生しません。

かつて、私がセミナーで「本文を開かないこと」「〝お疲れさま〟をなくすこと」がムダをなくすコツだと言ったら、参加者から「そんなのたった数秒じゃないですか」と言われたことがあります。また、ビジネス系の情報サイトに同様の内容を寄稿し、それがネット記事に転載されたりすると、とても多くの方から批判コメントが寄せられます。

しかし、1枚刃と2枚刃のヒゲ剃りなら、2枚刃が効率的なことに気がつきます。同じ値段なら2枚刃を購入しますよね。これも、数秒の違いです。「秒」の積み重ねが「分」になり「時間」になっていくのです。

社内メールは必要な情報が伝われば、一般的なメールの常識から外れていてもまったく問題ないのです。

POINT

❶メールのタイトルの前に【緊急】や【重要】をつける場合は、災害など本当に緊急だったり重要な場合のみにすることをルール化する。それ以外はつけないようにする。

❷【緊急】や【重要】の案件はチャットを使って連絡することで、連絡後に既読か未読かがわかる。既読にならない社員にだけ電話などで対応すればよいので素早く周知できる。

❸伝えたい用件がとても短い場合、メールの件名に用件を入れておき、件名の最後に「本文なし」のひと言を加えることで、受け取った側がメールを開くという時間と手間を省くことができる。

# 03 メールの形式を大切にする

## ❶ テンプレートの利用と単語登録で、メールは一気に速くなる!

社外とのやりとりは、テレワークの時代でもまだメールが主流です。メールであれば、ある程度かしこまった表現を使って、ビジネス文書と同等の体裁を取ることができます。

ビジネス文書にはさまざまな形式がありますが、一定の形式やルールがあるので、過不足なく情報を伝えることができます。一見ムダに見える冒頭のあいさつや締め言葉なども、社外に送るメールとしては欠かせない文言です。

ビジネスにおけるメール、特に社外に送るメールについては、チャットのような即時性やスピード感よりも、「必要な情報を過不足なく伝えること」「ラフになりすぎない丁寧な表現をすること」を心がけましょう。

とはいっても「丁寧な表現」に気を取られてしまって、どのような文章で書けばいいのかを考えることに予想外の時間を費やしてしまうことになりかねません。

そこでおすすめしたいのが、メールのテンプレート（定型文）をあらかじめ用意しておくことです。

メールの基本的な構成要素は次の通りです。

- 件名
- 宛先（メールアドレス）
- 宛名（所属名や肩書、氏名など）
- あいさつと名乗り（「お世話になっております。〇〇株式会社の△△です」など）

・本文
・締め言葉（「以上、よろしくお願い申し上げます」など）
・署名

署名は、メールクライアントの設定を利用して自動で挿入されるように作成しておきましょう。

「お世話になっております」や「以上、よろしくお願い申し上げます」などは辞書登録をしておいて、「おせわ」と打てば「お世話になっております」、「いじょう、」と入力すれば「以上、よろしくお願い申し上げます」と変換されるように設定しておくと便利です。

会社によっては独自の定型文が存在することも少なくありません。宛先と宛名、あるいは日付や数字さえ変えれば、本文以外はそのまま使い回しができる状態になっているので、一から文章を考える必要もなく、メールの作成をスピーディーに行なうことができます。

## ❷ 基本的なビジネスメールのテンプレート例

もし、まだ定型文を使用していない場合は、社内／社外を問わず、これまでのメールを一度ザッと振り返ってみてください。ほとんどのメールについて、いくつかのパターンに分けられることに気づくのではないでしょうか。

その中の代表的なものをテンプレート化して保存しておきましょう。

たとえば、こんな感じです。

件名：資料ご送付のお礼

◇◇◇株式会社
第一事業部　××××様

お世話になっております。
△△産業の〇〇です。

このたびは、御社資料をお送りいただき、
ありがとうございました。
確かに拝受いたしました。

内容を確認させていただき、
不明な点がございましたら、
改めてこちらからご連絡を差し上げます。

引き続き、何卒よろしくお願い申し上げます。

＊＊＊＊＊＊＊＊＊＊＊
署名

お使いのメールクライアントにテンプレート保存機能があれば、作成したテンプレートを保存して、必要に応じて読み込んだあと、数字や宛名などを修正して送信しましょう。

お使いのメールクライアントがテンプレートに対応していない場合は、テンプレートをそのままテキストエディタなどにペーストして保存しておきましょう。文章を一から考えて全文を入力するのに2分かかったとしても、テンプレートを利用すれば、確認のために読み返す時間を入れても20秒程度でメールが完成します。

## ③ 鉄則は「ワンメール！　ワンメッセージ！」

ビジネス文書で大切なことは、**形式にのっとることで簡潔かつ誤解のないように伝えること**です。

チャットであれば、発言の気軽さから次々と本来とは関係のないトピックに流れてしまうこともあるでしょうし、関係のない発言から新しいアイデアが生まれてくることもあるでしょう。

しかし、メールであまり余談にブレすぎるのは問題があります。

本来の用件で送ったメールが、返信に返信を重ねるうちにいつのまにか話題がもともとの用件とはかけ離れてしまうことがあります。

一般的に、ビジネスメールは引用返信が基本です。話題がそれたままで返信を続けていると、最初の件名と内容が食い違ったメールが続くばかりか、件名に「Re: Re: Re: Re:………」と延々と続いてしまい、一見してなんのメールなのかわかりにくく、あとあと検索をかけても探せないという困った事態が発生します。

メールの相手は同じでも、用件が変わったらその時点で新しいメールとして送信しましょう。また、あとから見返してわかりやすいように、よほど共通した事案以外は1メールには1案件。

世間話をメールに書いてはダメなわけではありません。しかしビジネスシーンで送るメールである以上、なんの用件で送信するメールなのかを見失わないようにしましょう。

**POINT**

❶ビジネスにおけるメールはスピード感を重視するのではなく、「必要な情報を過不足なく伝えること」「ラフになりすぎない丁寧な表現をすること」を心がける。

❷普段のメールの文章はテンプレートを利用して作成すれば、確認のために読み返す時間を入れても20秒程度でメールを完成させることができる。また、よく使うフレーズは辞書登録しておくと入力のスピードがアップする。

❸ビジネスメールは引用返信が基本。そのため、最初の話題と違う内容で返信を続けていると、件名と内容が食い違ったメールが続いてしまうことが起こり、あとで検索する際に面倒になる。「ワンメール、ワンメッセージ」を徹底する。

# 04 仕事が速い人のメール「13のルール」

## ❶ ムダなメールのやりとりが不要なトラブルを生む

メール対応で非効率な対応をしていると、残業漬け、二度手間、ときにはトラブルまで引き起こし、残業時間が増えてしまいます。テレワーク時代では、メール対応が終わらず、自宅にいながら、リビングまでの距離が遠い。子どもの笑い声を聞きながら書斎にこもるのは、近いだけによけいにストレスも溜まるもの。

業務効率を高めてメールの時間を減らすためには、次に紹介するような状況になっていたら改善しなければなりません。

〈Aさんのケース〉

届くメール、1件1件に対して丁寧に返信しているAさん。「あれ、もう3時間もたってしまった。水曜日までに提出する企画書が全然進まなかった。あと3件メールを返信したら、企画書に取り組まないと……あっ？　今夜も遅くまで仕事だな。リビングに行ったら、もうみんな寝ていていないかな」とため息をついています。

Aさんのように、メールはすぐに返さなければならないという強迫観念がある人は意外に多いようです。メールをすぐ返信することは大切ですが、業務の優先度を決めて取り組んだほうが、効率がよくなります。

〈Bさんのケース〉

メールは毎朝出社と同時に確認するBさん。返信をしたあとはネットサーフィンを30分することを習慣にしています。それ以降は集中するために電源をオフにし、夕方5時までメールの確認をしません。テレワークになってからも、このスタイルを変えていません。

仕事に集中すること自体はいいのですが、1日2回だとレスポンスが遅いと思われるかもしれません。

急を要する仕事の依頼にうまく答えられず、仕事を逃してしまう可能性もあります。

〈Cさんのケース〉

いろいろな内容を盛り込み、長文のメールを送るCさん。本来は手紙で書くべきクレームの謝罪文やお礼文、あいさつ文、営業のご案内などは別ですが、確認、連絡、日程報告などスピードが問われるメールも長文になってしまいます。しかも結論を最後に書くクセがあります。

メールを長文にしすぎると、相手が忙しければ忙しいほど読むのが面倒になり、内容も正しく伝わらない場合もあります。メールに対するレスポンスも遅くなるのです。

そのほか、何にでもCCをつける人、それほど重要でもないのに重要マークをつける人、緊急でもない連絡事項に【緊急のお知らせ】とつけてくる人など、メールのルールに統一性がありません。そのため、書き漏れや複数回のやりとりの発生などによって、時間が大幅にかかってしまうのです。

メールに自分なりの決まりを設けることで、無用なトラブルが回避でき、二度手間やメール対応にかかる時間も減っていきます。

次に挙げる「13のルール」を作り統一することでメール処理に関する効率が上がります。ぜひ参考にしてください。

## 1、メールチェックは基本的には1日に4回

たとえば、9時、13時、15時、終業時の4回とするなど。ただし、緊急な取引などを行なっている際には臨機応変に対応しましょう。

## 2、15分単位で仕事をする

15分単位で仕事をすることを心がけ、期限をシビアに決めて仕事をしましょう。午前中の集中力のある時間帯なら30～45分にセットして、この時間までにここまで終わらせると決めてタスクをこなします。すると60分の間に1～2分、スキマの時間が生

まれるので、このスキマ時間を利用してメールを確認し、【緊急】【重要】メールに対応するのです。

この方法だと少なくとも1時間に1回はメールの確認ができます。

### 3、メールへの返信は原則チェック時にする

すぐ回答できない内容のときは、メールを受信したことと、いつ返信するかを書き込んでおきましょう。

### 4、期限のあるものは件名（タイトル）に期限を入れる

件名だけで完結できる連絡事項は、件名に書き切り、相手に本文を開く手間をかけさせない。念のため末尾に（本文なし）と書き添えます。

〈例〉【07月31日13時まで回答要】石井さんの歓迎会のお知らせ（本文なし）

### 5、迷惑メールのフォルダもチェックする

私は以前、大事なお客さまからの連絡が迷惑メールに入っていたことに気づかずに、

返信をせず、先方からお叱りの電話を受けて発覚したという経験があります。それ以来、定期的に迷惑メールのフォルダもチェックするようにしています。

### 6、メールの本文は原則5行以内にする

情報量が多くなってしまう場合は、添付資料にまとめましょう。

### 7、内容を盛り込みすぎない

ワンメールワンメッセージを心がけましょう。

### 8、社内メールは簡略化する

「お疲れさまです」などの〝なくても仕事に一切支障がない〟慣用句は入れないようにしましょう。

### 9、件名にルールを設定する

たとえば、【緊急】は事故、【重要】は訃報というように意味を持たせることをルー

ル化しておきましょう。

### 10、文章の構成を統一する

どんなメールを書くときも、結論↓理由↓詳細の順で書くように構成を統一しましょう。

### 11、常用フレーズは辞書登録しておく

たとえば、「おせわ」と打てば「お世話になっております」、「いじょう、」と入力すれば「以上、よろしくお願い申し上げます」と変換されるように設定しておくと書く時間を節約できます。

### 12、「引用返信」をする

1つの問題に取り組んでいるときは、先方に探す手間を取らせないために「引用返信」をするようにします。その問題が解決したら、新たなメールを作成しましょう。

## 13、退社時には必ずメールを確認する

どんなに遅くなっても、退社時間の前にメールの最終チェックをしてから帰るようにしましょう。

**POINT**

メール処理を効率化するための「13のルール」

❶メールチェックは基本的には1日に4回。
❷15分単位で仕事をする。
❸メールへの返信は原則チェック時にする。
❹期限のあるものは件名（タイトル）に期限を入れる。
❺迷惑メールのフォルダもチェックする。
❻メールの本文は原則5行以内にする。

❼内容を盛り込みすぎない。
❽社内メールは簡略化する。
❾件名にルールを設定する。
❿文章の構成を統一する。
⓫常用フレーズは辞書登録しておく。
⓬「引用返信」をする。
⓭退社時には必ずメールを確認する。

# 健康管理も大切な<br>ビジネスマナーの1つ

# 01 休憩はしっかり取ろう

## ① 睡眠不足は寿命を縮めるだけでなく事故の原因にもなる

日本人の睡眠時間は、世界各国と比べてとりわけ短い傾向があります。有職者を対象とした調査では、多くの国で睡眠時間が8時間を超えているのに比べて、日本では男性・女性とも8時間に届かず、特に女性は男性と比べても20分以上も短くなっています。

日本と欧州各国の有識者の平均睡眠時間

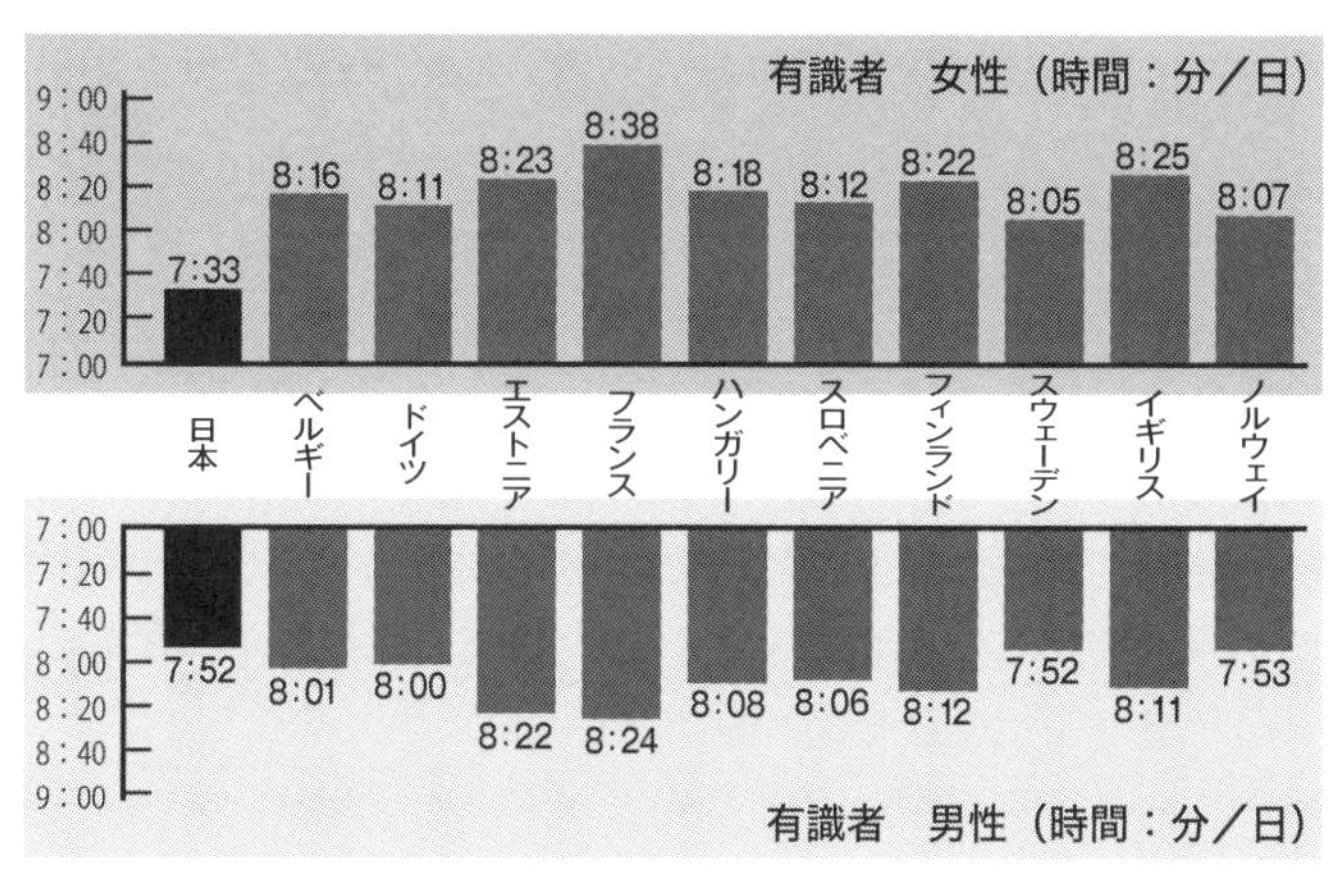


出典：厚生労働省e-ヘルスネット、太田美音「総務省統計局労働力人口統計室「統計」2006.」

「令和元年国民健康・栄養調査」によると、20歳以上の男女を対象とした1日の睡眠時間調査で最も割合が多かったのは、6時間以上7時間未満の34・6パーセント。5時間以上6時間未満と答えた人も30パーセントを超えていました。

とはいえ、睡眠時間が長ければいいのかというと、決してそういうわけではありません。JACC Study（文部科学省の科学研究費の助成を受けたコホート研究）の2010年の調査によれば、**睡眠時間が7時間の人が最も死亡率が低く、それより長くなっても短くなっても、死亡リスクが高まるという結果が出ました。**海外での大規模な調査でも同様の結果が報告されており、睡眠時間は長すぎても短すぎても健康を害する可能性があるといえそうです。

一方、前出の「令和元年国民健康・栄養調査」によると「日中に眠気を感じた」と答えた20歳以上の男女は、34・8パーセント（男性32・3パーセント、女性36・9パーセント）。慢性的な睡眠不足が心配になります。

歴史的に見ても、睡眠不足による眠気が原因となった甚大（じんだい）な事故が多く発生しています。

たとえば、1979年に起きたスリーマイル島の原子力発電所の事故や、1986年のスペースシャトルチャレンジャーの事故などがその代表的な例で、居眠りを原因とする事故はほかの原因の事故に比べて死亡事故を起こしやすいことがよくわかります（厚生労働省「健康づくりのための睡眠指針2014」）。

さらに、アメリカのサンタモニカに本部を置くシンクタンクのランド研究所の試算によると、睡眠不足による経済的な損失は日本の場合GDP比で2・92パーセント。金額に換算すると年間で1380億ドル（約15兆円）にまで上るとのこと(「Why Sleep Matters: Quantifying the Economic Costs of Insufficient Sleep」/RAND CORPORATION)。

睡眠を改善することでパフォーマンスを上げることができれば、事故も減り、その結果として経済効果も高まるのであれば、積極的に睡眠を取りたくなるものですね。

ちなみに、厚生労働省は2014年に「健康づくりのための睡眠指針2014〜睡眠12か条」を策定しました。

1 良い睡眠で、からだもこころも健康に。
2 適度な運動、しっかり朝食、ねむりとめざめのメリハリを。
3 良い睡眠は、生活習慣病予防につながります。
4 睡眠による休養感は、こころの健康に重要です。
5 年齢や季節に応じて、ひるまの眠気で困らない程度の睡眠を。
6 良い睡眠のためには、環境づくりも重要です。
7 若年世代は夜更かし避けて、体内時計のリズムを保つ。

8　勤労世代の疲労回復・能率アップに、毎日十分な睡眠を。
9　熟年世代は朝晩メリハリ、ひるまに適度な運動で良い睡眠。
10　眠くなってから寝床に入り、起きる時刻は遅らせない。
11　いつもと違う睡眠には、要注意。
12　眠れない、その苦しみをかかえずに、専門家に相談を。

## ❷ どうしても睡眠時間が足りない場合は仮眠を取る

慢性的な睡眠不足の対策として、短時間の昼寝が効果的です。社会心理学者ジェームス・マースは**昼に短時間の仮眠を取ることが仕事のパフォーマンスを向上させる**として、この仮眠を「パワーナップ」と名づけました。

ただし、あくまで仮眠ですから、短時間の睡眠で疲労回復できるような工夫が必要です。

日本睡眠学会理事で慈恵医大の千葉伸太郎准教授の発表によると、次のようなポイントが挙げられています（慈恵医大耳鼻咽喉科学教室准教授 千葉伸太郎2019年9月17日虎ノ門ヒルズフォーラムより）。

・仮眠の時間は、昼食後～14時すぎまでの間に15～20分程度（30分以内）
・コーヒーなど、カフェインを200mg摂取してから仮眠すると効果的
・姿勢は横にならないこと
・耳栓やヘッドフォンをして防音対策をすること
・照明は明るすぎず暗すぎずに。パソコンやスマートフォンのブルーライトは睡眠を妨げるので要注意

パワーナップによる休息で、脳と体の疲れを取ってリフレッシュすれば、ランチを食べたあとの仕事が「眠気に困る」「やる気がわかない」「イライラする」といった症状に悩まされることなく、午後も効率よく仕事ができるはずです。

本書を手に取っているあなたは、仕事に対して真面目で、責任感もあり、職務をまっ

とうしようとするばかりでなく、さらに効率を上げて成果を得ようと考えているはずです。

もしかしたら「睡眠時間が少なくても高いパフォーマンスを維持する方法」を知りたいとお望みかもしれません。しかし、高いパフォーマンスを維持するためには、**思い切って途中で切り上げて、寝ましょう**。

無理せず自分の身体を休めながら最高のパフォーマンスを発揮することも、ビジネスパーソンとして大切なことです。

もし、予定まで進まずに、作業を残しても、いったん休んで疲れを取り、元気を回復させたうえで、集中力を高めていきましょう。

そのためには、昼寝という休息も必要です。

「働き方改革」で残業を極力減らすことが推奨されている中、自宅でなら長時間労働を行なっていいというはずがありません。**最終的に質の高い仕事にするために、限られた時間とエネルギーをどう使うのか**。デキるビジネスパーソンとしての腕の見せどころでもあります。

POINT

❶日本人の睡眠時間は世界各国と比べると短い傾向にある。多くの国で睡眠時間が８時間を超えているのに対して日本は男性／女性とも８時間に届かない。睡眠不足は健康リスクを高めたり、事故の原因につながる。

❷JACC Studyの２０１０年の調査によると、睡眠時間が７時間の人が最も死亡率が低く、それより長くても短くても、死亡リスクが高まるという結果が出ている。

❸睡眠不足による効率低下を回避するには、短時間の昼寝（パワーナップ）が効果的。ただし、あくまで仮眠なので眠りすぎないように、「事前にコーヒーなどのカフェインを２００mg摂取する」「姿勢は横にならない」などの工夫が必要。

# 02 意識が大事！ 1時間に1回、身体を動かそう

## ❶ テレワークにおける作業環境づくりのポイント

「仕事のパフォーマンスを上げるには、環境の整備が大事である」と第1章でお伝えしました。

仕事の効率を上げる環境整備を解説しました。ここでは、同時に気をつけておきたい「仕事に集中しつつも健康を損ねない工夫を兼ねた環境整備」について考えてみましょう。

厚生労働省は、２０１９年9月に「情報通信技術を利用した事業場外勤務の適切な

導入及び実施のためのガイドライン」を一部改正しました。
そこでは、職場の執務室内の明るさや衛生環境の基準が労働省令で定められているのと同様に、テレワークであっても作業の環境が整えられることが望ましいとして、「自宅等でテレワークを行なう際の作業環境整備」のポイントを発表しています（次ページ図）。

**部屋の広さは10立方メートル以上の空間であること。**

**エアコンの気流は秒速0・5メートル以下で直接、継続してあたらないようにすること。**

**室温は17～28℃、相対湿度は40～70パーセントにする**……などと、細かい指定がありますが、いずれも生産性を高めるための空間整備としては的を射たものです。

職場の環境整備のための基準と同等ということですが、大手企業などの職場の環境は、こんな風に細かく配慮されていたのかと、改めて感心してしまいます。

この中でも比較的簡単に自宅でも調整できそうなところは、この基準に合わせてみましょう。

# 自宅等でテレワークを行なう際の作業環境整備

出典：厚生労働省（2020年9月）

**部屋**　設備の占める容積を除き、10㎥以上の空間
（参考条文：事務所衛生基準規則第2条）

**窓**
・窓などの換気設備を設ける
・ディスプレイに太陽光が入射する場合は、窓にブラインドやカーテンを設ける
（参考：事務所衛生基準規則第3条、情報機器作業における労働衛生管理のためのガイドライン）

**机**
・必要なものが配置できる広さがある
・作業中に脚が窮屈でない空間がある
・体系に合った高さである、または高さの調整ができる

**室温・湿度**
・気流は0.5m/s以下で直接、継続してあたらず室温17～18℃相対湿度40～70%となるよう努める
（参考条文：事務所衛生基準規則第5条）

**照明**
・机上は照度300ルクス以上とする
（参考条文：事務所衛生基準規則第10条）

**イス**
・安定して、簡単に移動できる
・座面の高さを調整できる
・傾きを調整できる背もたれがある
・ひじ掛けがある
（参考：情報機器作業における労働衛生管理のためのガイドライン）

**PC**
・ディスプレイは照度500ルクス以下で輝度やコントラストが調整できる
・キーボードとディスプレイは分離して位置を調整できる
・操作しやすいマウスを使う
（参考：情報機器作業における労働衛生管理のためのガイドライン）

**その他**
作業中の姿勢や、作業時間にも注意!
・イスに深く腰かけ背もたれに背を十分にあて、足裏全体が床に接した姿勢が基本
・ディスプレイとおおむね40cm以上の視距離を確保する
・情報機器作業が過度に長時間にならないようにする

たとえば、イスの高さ。

イスに深く腰かけて、背もたれに背中があたる状態になったとき、足の裏全体が床についている高さに調節しておきましょう。

足元には極力モノを置かず、作業中に窮屈に感じない程度の空間を確保しましょう。

窓がある部屋が理想ですが、ない場合でもドアを開けたり、サーキュレーターを使ったりして、**空気が循環し換気できるような仕組みを工夫しましょう**。

室内の二酸化炭素濃度が高いと思考力が落ちることが、アメリカのローレンス・バークレー国立研究所の研究で明らかになっています。

もちろん感染症対策としても、換気は心がけたほうがよいでしょう。

自然光を浴びると、セロトニンという脳内の神経伝達物質を分泌しますが、これは精神を安定させる働きがあります。そのため、落ち着いてやるべきことに集中できる効果を発揮します。

ですから、仕事をする部屋に窓がある場合は、可能であれば自然光を部屋に呼び入れると、集中力が高まります。

ただし、直射日光がディスプレイにあたってしまう場合は、カーテンやブラインドで遮りましょう。画面が変色する原因になるばかりでなく、目の負担にもなります。

パソコンのディスプレイの位置も簡単に調整できます。ノートパソコンでも、キーボードとセパレートタイプのディスプレイであっても、画面と目の距離はおおむね40センチ以上の距離を取りましょう。

ディスプレイの明るさは、照度500ルクス以下に設定します。テレワークで長時間の使用を前提とするのであれば、ディスプレイは必ず輝度（画面の明るさの度合い）やコントラスト（明るい部分と暗い部分との明暗の差）を調整するようにしましょう。

輝度を下げることによって、ディスプレイが使用する電力が大幅に減って、電気代が安くなりますし、室内の明るさとの差を縮めることによって、目の疲れを軽減させることもできます。

## ❷ 目の疲れすぎにはくれぐれも注意する

テレワークになってオンラインによるコミュニケーションの機会が増えると、通勤していたときよりも、圧倒的にパソコンやスマートフォン／タブレットの画面を見る機会が多くなります。

上司や先輩との会話、会議など、緊張をともなった状態で画面を見つづける時間も増えていることでしょう。

そうなると、目の疲れは避けられません。

オンラインでの会議やミーティングの際だけでなく、メールや入力作業、資料作成などで、知らず知らずのうちに眉間にシワが寄り、肩にグッと力が入った状態で、前かがみになって作業を続けてしまう人も多いはずです。

会社で、猫背になっていたり、悪い姿勢が続いていたら、あなたの姿勢の悪さを誰かが指摘してくれるかもしれませんし、指摘されるまでもなく、他人の目線が気になってときどき姿勢を正したりする機会があるかもしれません。

しかし、自宅で1人でテレワークをしていると、他人からの指摘や目線を気にする必要もありません。ついつい姿勢が崩れ、その状態で何時間も画面を見つづけてしまっていることもあります。

**目の使いすぎは、目だけの疲れに終わりません。**座りつづけて血行が悪くなることや、正しくない姿勢を続けることによってバランスが崩れる筋肉の収縮などと相まって全身の疲れや脳の疲れの原因となり、「いつまでもダルさが抜けない」「十分な睡眠を取っても回復しない」などの事態に発展します。

目が見えにくくなり、目を凝らして緊張が高まり、頭痛、吐き気、めまい、全身の倦怠感などを引き起こしてしまいます。

これといった持病もないのにどこか調子が悪く、体調を崩しやすい人は、「眼精疲労」が原因かもしれません。

眼精疲労の原因は、テレワークでの作業により目の筋肉に疲労が溜まり、焦点を合わせるのに必要な調節機能が低下したり、眼球を正しい位置に動かすことができなくなったり、視神経まで疲労したりなどが考えられます。

目の焦点を合わせるのも筋肉です。疲労が溜まりすぎてしまうと、回復には時間がかかります。そうなる前に、こまめに目を休め、疲れを取ることを心がける必要があります。

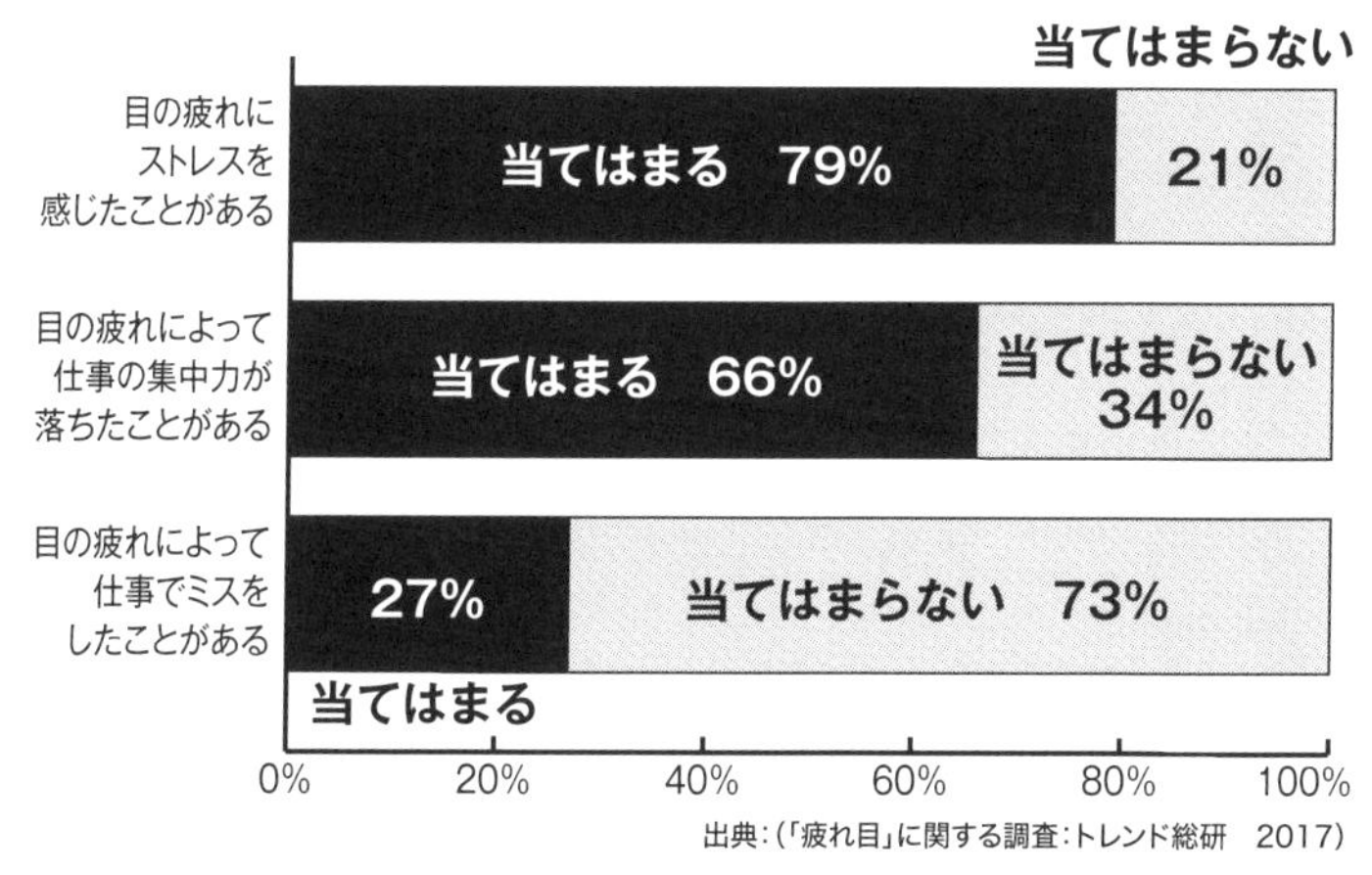


20代から50代の会社員男女を対象に行なわれた疲れ目に関する意識・実態調査によると、約3分の2の人が目の疲れで集中力が落ちたことがあり、約3分の1が目の疲れで仕事にミスをしたことがあるという結果でした。

テレワークは、ただでさえ目を酷使します。そのことを頭に入れておきたいものです。

**上手に目を休め、こまめに疲れを取ることで、ミスを防ぎ、集中力の低下を回避しましょう。**

POINT

❶テレワークでは作業環境の整備を心がける。たとえば「部屋の広さは10立方メートル以上の空間である」「エアコンの気流は秒速0・5メートル以下で直接、継続してあたらないようにする」「室温は17~28℃、相対湿度は40~70パーセントにする」など厚労省のガイドラインを参考にするとよい。

❷自然光を浴びると、精神を安定させる働きがあるセロトニン（脳内の神経伝達物質）を分泌するので、可能であれば自然光を部屋に入るようにする。また、ＰＣのディスプレイの明るさや角度を調整して目に負担をかけないように注意する。

❸テレワークでは作業中の姿勢が悪くなり、目に負担がかかりがち。眼精疲労が溜まると、休んでも体調がすぐれなかったり、集中力を欠き、仕事のミスが増えるため、目が疲れないようにこまめに休憩を取るようにする。

# おわりに

テレワークは、新型コロナウイルスの爆発的な感染拡大によって半ば強制的に普及しました。環境が整わないままなだれ込むようにスタートさせた企業も多い中、新しいシステムを導入するなど試行錯誤を重ねています。しかも、全国的に見れば導入済みなのはまだ半数に満たず、以前と変わらない働き方をしている人も少なくありません。

見切り発車で始まったテレワークの時代は、まだ、過渡期と言わざるを得ないのです。

これまでも歴史の中で、企業のあり方は変化し、そこで働く人たちの価値観も好むと好まざるとにかかわらず遷移してきました。多くの会社が経費削減に四苦八苦している昨今からすれば、80年代のバブル期はとにかく経費を使うことが奨励されたなんて、とても信じられないことでしょう。また、現代では当然の感覚である「『女の子が入れたお茶はやっぱりおいしいなあ』と男性社員が言ったらハラスメントになる」

なんて、タイムマシーンで70年代に行ってその時代に働く男性に伝えても、きっと信じてもらえないことでしょう。

時代とともに働く環境は変化し、それにともなって、働く者に求められるものも変わっていきます。今はまだ、テレワークの時代が始まったばかりで、価値観が定まっていません。今後数年間はさらに流動的に変化していく可能性もあります。

だからこそ、テレワーク時代にどう振る舞ったらよいか、不安に思っている人も多いことでしょう。そこでこの本では、流動的で変則的な価値観の中で、これだけは押さえておきたいポイントと、今後予測される流れの中で求められるであろうことの中から、現時点での最善をまとめました。

本来、ビジネスマナーは「相手を尊重しつつ、互いに気持ちよく効率的にビジネスを進める」ための指針です。ビジネスマナーの背景にあるこの軸は、どんなに時代が変わっても、どんなに価値観が流動的で変則的であっても、ブレることがありません。ブレてはいけないものです。むしろ、流動的でさまざまな価値観があるからこそ、この軸を持ったビジネスマナーが必要とされるのです。

テレワークがさらに本格化すると、働き方はますます多様化します。働くスタイルの変化だけでなく、ＳＤＧｓを意識した動きの中で、年齢や性別、国籍など多様性を受け入れ、さまざまな背景や文化を持った人々とビジネスを成し遂げることもあるでしょう。そんな中でも、ビジネスマナーは互いに気持ちよく働くための潤滑油になるはずです。

形式だけにとらわれることなく、目の前の相手に対してどう敬意を表現すればいいか――それを常に意識していれば、時代が変わっても、価値観が変わっても、どんな行動がその場のビジネスマナーにのっとっているか、判断できるはずです。その際には、自分の都合だけを押し通さず、相手を受け入れる柔軟性や、臨機応変さを身につけることも必要となってくるでしょう。

また、テレワークが進んだ先の傾向としては、「合理的であること」もキーワードの１つとなってきそうです。テレワークの定着とともに価値観がある程度定まってくるころには、自由な発想を持った誰かが、今は誰も想像すらできないような新しい行動様式を「発明」し、さまざまなビジネス上の不合理を吹き飛ばしてくれるかもしれません。テレワークの先の未来にある、そんな新しいビジネスマナーの誕生がなんだか楽しみになってきます。

無意味だと揶揄されがちな従前のビジネスマナーにも、それぞれの時代を背景に、かつては合理的な理由があって取り入れられていました。もしもテレワークで働き方が変わり、時間に余裕ができたら、ぜひそのあたりもひも解いて、働く環境の文化的な変遷にもふれてみてください。

出版にあたって、お声がけくださった石川和男さん、ご指導いただいたMXエンジニアリングの貝瀬裕一さん、WAVE出版の藤岡比左志さん、制作にかかわったくださったすべての皆さまに感謝申し上げます。

この本は新型コロナウイルスが依然世界的に猛威を振るっている最中に執筆、出版されました。感染症の心配がなくなったあとも続くであろうテレワークの入り口で役に立つポイントを盛り込んでいますが、コロナ禍ならではの内容も含んでいます。
通常の書籍なら「この本が末永く役に立ちますように」と願って出版するところですが、この本に関しては、数年後に手にした人たちが「2021年ってこんなことを気にしていたんだな」と、笑い話のように受け取る、そんな日が1日も早くやって来ることを、願ってやみません。

2021年3月

宮本ゆみ子

**石川和男**（いしかわ かずお）

建設会社役員、大学講師、セミナー講師、税理士、時間管理コンサルタントと5つの仕事を掛け持ちする時間管理の専門家。深夜残業ばかりしていた生産性の上がらない日々に嫌気がさし、一念発起。ビジネス書やセミナー受講によりタイムマネジメントのノウハウを取得、実践することで生産性を下げず残業を減らす仕事術を確立。自ら習得した「時間管理術」をベースに、建設会社ではプレイングマネジャー、コンサルタントでは時間管理をアドバイスし、税理士業務では多くの経営者と仕事をし、セミナーでは「生産性向上」や「残業ゼロ」の講師をすることで、残業しないための研究を日々続けている。『仕事が速い人は、「これ」しかやらない』（PHP研究所）など著書多数。

**宮本ゆみ子**（みやもと ゆみこ）

コミュニケーションコンサルタント。職場のマナーアドバイザー。大阪大学人間科学部を卒業後、FM石川にアナウンサーとして入社。独立後はラジオ・テレビ各局で番組を担当するかたわら、数々の雑誌にてインタビュー記事を執筆。その対象は経営者やアスリート、ミュージシャン、アイドルまで、のべ1万3000人にいたる。「聞く&伝える技術」をメディア以外にも役立てようと、企業研修や大学・専門学校等の授業を通じて「コミュニケーションを基盤とした人間関係の潤滑油としてのマナー」を指導している。著書に『最新ビジネスマナーと今さら聞けない仕事の超基本』（朝日新聞出版、石川和男監修）。


「気分よく」働けて、仕事がはかどる!

# 一流の人は知っている テレワーク時代の新・ビジネスマナー


2021年5月19日　第1版第1刷発行

著者　石川和男／宮本ゆみ子

発行所　WAVE出版

〒102-0074 東京都千代田区九段南3-9-12

TEL 03-3261-3713　FAX 03-3261-3823

Email info@wave-publishers.co.jp

URL http://www.wave-publishers.co.jp

印刷・製本　中央精版印刷





ISBN978-4-86621-340-8　C0036





NDC335　240p　19cm